Only I can change my life. No one can do it for me
: Carol Burnett :

나만이 내 인생을 바꿀 수 있다. 아무도 날 대신해 해줄 수 없다.
: 캐롤 버넷 :

세상에서 단 하나뿐인 책

지은이: _____

두근두근

두근두근

[변화의 시작]

001 st.

적(者)자생존
기록은 기억을 이긴다.

002nd.

실수를 피할 수는 없다.
줄일 수만 있는 것이다.

실수하는 것은 크게 문제 되지 않는다.
오히려 걱정 때문에 아무것도 안 하는 것이 문제가 된다.
실수 때문에 포기하면 그것은 실패이다.

실수는 절대 문제가 아니다.
실수를 대처하는 우리의 태도가 문제인 것이다.

003rd.

사람을 판단할 때 가장 큰 실수 중 하나는
그 사람의 최선 을 보고 판단한다는 것이다.
함께 하고자 한다면 최악 을 함께 경험하라.
그러면 최소한 원망 할 일은 없을 것이다.

004th.

실패 = 경험
경험의 누적 = 성장
성장의 누적 = 성공

결국

실패의 누적 = 성공

005th.

티끌 모아 태산이다.
작은 노력이 모이면 큰 성공이 된다.
작은 낭비가 모여도 큰 위기가 된다.
우리가 모으고 있는 티끌은 무엇인가?
우리가 걱정해야 할 것은 두 번째 이다.

006th.

◇

I hated every minute of training, but I said, 'Don't quit.
Suffer now and live the rest of your life as a champion.'
: Mohamed Ali :

훈련의 시간 일분 일초가 싫었다. 하지만 스스로 되뇌었다.
'그만두지 말자. 이 순간의 고통으로 남은 삶을 챔피언으로 살 수 있잖아.'
: 모하메드 알리 :

◇ ◇

Take time to deliberate,
but when the time for action has arrived, stop thinking and go in.
: Napoleon Bonaparte :

고민할 시간을 가져라.
그러나 행동할 순간이 오면 생각을 멈추고 뛰어 들어라.
: 나폴레옹 보나파르트 :

007th.

만약 공부에 몰입한 상태에서 스마트폰을 통해 메시지, 이메일, 카카오톡, 페이스북, 그 외 알람에 방해를 받으면 학업 효율은 상당히 떨어지게 된다. 캘리포니아 대학교에서 실시한 연구 결과, 몰입을 깨는 외부 방해가 30초밖에 되지 않는다 하더라도 공부나 일에 다시 몰입할 때까지 평균 20분 정도 걸린다는 것이 밝혀졌다. 《完》

008th.

먼저 사과할 수 있고,
먼저 용서할 수 있다면,
고민의 반은 사라진다.

009th.

진짜 꿈은 중력보다 강하다.
일어나기 싫은 아침에도
우리가 지쳐서 쓰러져도
언제나 우리를 벌떡 일으킨다.
그게 진짜 꿈의 힘이다.

010th.

지난번 생일로 93세가 되었다. 물론 젊은 나이는 아니다. 그러나 나이는 상대적인 문제다. 일을 계속하면서 주위 세계의 아름다움에 빠져든다면, 사람들은 나이라는 것이 반드시 늙어가는 것만 뜻하지 않는다는 사실을 알게 될 것이다. 나는 사물에 대해서 전보다 더욱 강렬하게 느끼고 있고 나에게 있어서 인생은 점점 매혹적이 되어가고 있다.

〈나의 기쁨과 슬픔 中, 파블로 카잘스(Pablo Casals)〉

011th.

몰입 후 피어나는 희열감은
최고의 감정 상태이다.

영원한 꽃은 없다.
하지만 꽃은 다시 핀다.

희열감도 마찬가지이다.
잠깐 왔다 사라지지만
몰입하면 다시 핀다.

몰입은 씨앗이다.

012th.

실수는 누구나 할 수 있다.
하지만 실수에서 아무나 배우지는 못한다.
자신에 대해 반성하여 스스로를 발전 시키면 실수는 "실력"이 된다.
자신에 과오를 인정하지 않고 아무런 변화를 이뤄내지 못한다면
실수는 "실패"가 되고 만다.

013th.

To be able to concentrate for a considerable time is essential to difficult achievement.
: Bertrand Russell :

상당한 시간 동안 집중할 수 있는 것이 어려운 성취에 있어 필수적이다.
: 버트런드 러셀 :

Challenges are what make life interesting;
overcoming them is what makes life meaningful.
: Joshua J. Marine :

도전은 인생을 흥미롭게 만들며,
도전의 극복이 인생을 의미 있게 한다.
: 조슈아 마린 :

그렇다면 메타인지 능력이 높다는 말은 무엇을 의미하는 것일까? 자신이 무엇을 알고 무엇을 모르는지를 알기 때문에 자신의 장점을 극대화하고 자신의 단점을 최소화할 학습 전략, 즉 '공부법'을 창조할 수 있다는 말이다. 〈完〉

015th.

인생공식

1 _ 계획 + 꾸준함 = 특별함
2 _ 호기심 + 디테일 = 연구왕
3 _ 아이디어 + 꾸준함 = 사업왕
4 _ 호기심 + 꾸준함 = 전문가
5 _ 호기심 + 디테일 + 꾸준함 = 뭘 해도 성공

016th.

인생은 팩트의 문제가 아니라 **믿음의 문제이다**.
하지만 믿음은 **팩트의 오랜 누적**으로 피어난다.

017th.

훌륭한 리더가 반드시 가져야 할
세 가지 'ㄱ'

겸손, 공감 그리고 감동

018th.

언제나 기쁠 수만은 없다.
너무 행복한 상태에만 집착하지 말아라.
사람은 적응의 동물이다.
기쁨도 슬픔도 결국에는 다 적응하게 된다.
그러니 새로운 시작에 집중해라.

019th.

시작이 어렵다.
마무리도 시작만큼 어렵다.
시작이 반이면 마무리가 나머지 반이다.

020th.

◇

Aim for the moon.
If you miss, you may hit a star.
: William Clement Stone :

달을 향해 쏴라.
빗나간다면 별이라도 맞출 것이다.
: 윌리엄 클레멘트 스톤 :

◇ ◇

Success is not final, failure is not fatal:
it is the courage to continue that counts.
: Winston Churchill :

성공은 결론이 아니며, 실패는 치명적인 것이 아니다.
중요한 것은 그 과정을 지속하는 용기다.
: 윈스턴 처칠 :

021 st.

처음부터 잘하는 사람은 거의 없다.
결국은 어떤 일이든 체계적인 훈련 과정이 있어야 실력 향상이 일어난다.
꾸준히 그리고 제대로 하는 것이 유일한 정답이다. 〈完〉

022nd.

달면 질린다.
적당히 써야 인생이다.
그래서 우리는 술과 커피를 그렇게 마시는지도 모르겠다.

023rd.

성인의 언어 공부법

읽지 못하는 것은 들을 수 없다.
읽지 못하는 것은 쓸 수도 없다.
쓸 수 없는 것은 말할 수도 없다.

그러니 우선 많이 읽어라.

024th.

빈 공간.

어떻게 보면 부족이지만
다르게 보면 여유이다.
관점이 본질을 결정한다.

025th.

승리는 악착같이.
승복은 깔끔하게.

그래야 오래간다.

026th.

A 클래스는 A 클래스를 고용하고,
B 클래스는 C 클래스를 고용한다.
-도널드 럼즈펠드-

내 부하가 멍청해 보인다면
진지하게 생각해 볼 일이다....
내 상사가 멍청해 보인다면
심각하게 생각해 볼 일이다....

027th.

The follies which a man regrets the most in his life are those which he did not commit when he had the opportunity.

: Helen Rowland :

사람이 인생에서 가장 후회하는 어리석은 행동은
기회가 있을 때 저지르지 않는 행동이다.
: 헬렌 롤런드 :

Success does not consist in never making mistakes
but in never making the same one a second time.
: George Bernard Shaw :

성공은 실수를 저지르지 않는 데서 나오는 게 아니라,
같은 실수를 저지르지 않는 데서 나온다.
: 조지 버나드 쇼 :

028th.

결국, 공부도 마찬가지다. 처음부터 너무 버거운 목표로 어려운 과제를 수행해서는 안 된다. 반대로 너무 쉬운 것만 골라서도 안 된다. 자신의 역량을 최대한으로 끌어올리는 계획으로 실천할 때 몰입할 수 있다. 〈完〉

029th.

실패는 후회가 될 수도 있고
추억이 될 수도 있다.
충분히 시간이 지나면
대부분 추억이 된다.

하지만 도전하지 않은 것은 후회만 되지,
절대 추억이 될 수 없다.
오랜 시간이 지나면 그 후회는
심지어 원망으로 바뀔 수 있다.
그러니 일단 도전하자.

030th.

공부는 제대로 그리고 꾸준히!
일은 바르게 그리고 빠르게!
이것이 진리.

031 st.

성공[成功]: 목적하는 바를 이룸.

여러분, 삶의 목적이 무엇인가요?
목적이 없으면 성공도 없습니다.

우리에게 필요한 것은 선택과 집중이다.
하지만 대부분은 선택만 하고 집중은 잊는다.

033rd.

먹을 걱정 없는 동물원의 사자.
살기 위해 매일같이 사냥을 해야 하는 야생의 사자.
누가 더 행복할까?

여러분은 행복한가요?

034th.

Success is simple. Do what's right,
the right way, at the right time.
: Arnold H. Glasow :

성공이란 단순하다. 올바른 일을,
올바른 방법으로, 올바른 시간에 하라.
: 아널드 글래소우 :

◇ ◇

Predicting rain doesn't count.
Building arks does.
: Warren Buffett :

비를 예측하는 것은 중요하지 않다.
방주를 짓는 것이 중요하다.
: 워렌 버핏 :

035th.

공부는 무조건 즐거워야 한다는 말은 공부 자체에 특별한 목적이 없을 때에나 해당하는 일이다. 공부를 통해 시험에 합격해야 한다든가, 논문이나 책을 쓰는 등 무슨 이론이나 콘텐츠를 만드는 과정은 무척이나 괴로울 때가 많다. 그것을 극복할 수 있느냐 없느냐가 각 분야의 전문가로 성장할 수 있느냐 없느냐를 가늠한다. 《完》

036th.

행복도 불행도 모두 전염된다.
누구 옆에 있을 것인가?
나는 어떤 사람인가?

037th.

고인 물은 썩는다.
고인 지식도 마찬가지이다.
배운 지식은 활용하고,
없는 지식은 채워 넣어야 한다.
그렇게 지식을 흐르게 해야 한다.

038th.

그릇이 좋으면
보통 그릇이 작다.

그릇이 크면
보통 어딘가에 구멍이 있다.

인생이 원래 어렵다.

039th.

목표가 고高하니,
인생이 고苦하다.
그래도 고go한다.

성장의 누적에서 성공은 피어난다. 그렇다면 어떻게 성장할 것인가? 매일같이 자신의 삶을 기록하라. 그리고 때때로 적은 것을 다시 읽어보아라. 그러면 그 당시에 보이지 않았던 자신의 부족한 점이 자연스럽게 보일 것이다. 문제가 무엇인지 알았기에 이제 성장은 쉽다. 그래서 기록만 꾸준히 해도 자연스럽게 성장하게 되어 있다. 하지만 이렇게 누구의 도움조차 필요 없는 간단한 일을 대부분은 하지 못한다. 그래서 성장하지도 못한다. 그러면서 성공을 꿈꾼다.

잊지 마라.
뿌리 없이는 열매도 없다.

041 st.

Life is too short for long-term grudges.
: Elon Musk :

누군가를 원망하며 시간을 허비하기에 인생은 너무 짧다.
: 엘론 머스크 :

◇ ◇

Weakness of attitude becomes weakness of character.
: Albert Einstein :

나약한 태도는 나약한 성격이 된다.
: 알버트 아인슈타인 :

042nd.

훌륭한 공감능력이 있다는 말은 상대방의 마음을 잘 '상상'한다는 말이 된다. 어떤 한 인물의 마음과 성격을 마음속에 그려내는 연습을 많이 할수록 공감능력은 향상된다. 그렇다면 우리는 언제 그런 연습을 많이 하게 될까? 바로 소설을 읽을 때다. 〈完〉

043rd.

꿈과 망상의 차이 I

1.
[꿈] 계획이 따른다.
[망상] 운을 바란다.

2.
[꿈] 과정을 참을 만하게 한다.
[망상] 현실에서 도피하고 싶게 만든다.

3.
[꿈] 결정의 기준이 된다.
[망상] 불만의 기준이 된다.

4.
[꿈] 잠자는 시간도 아깝게 만든다.
[망상] 꿈 속에서 찾고 싶다.

5.
[꿈] 뜻이 같은 사람과 함께 하려고 한다.
[망상] 남이 내 것을 가로챌까 두렵다.

꿈과 망상의 차이 Ⅱ

6.
[꿈] 진짜 꿈을 가진 자는 행동한다.
[망상] 헛된 망상을 좇는 자는 끊임없이 말을 한다.

7.
[꿈] 어떻게든 시간을 만들어 낸다.
[망상] 늘 시간이 부족하다고 불평한다.

8.
[꿈] 문제가 생기면 자신을 탓한다.
[망상] 문제가 발생하면 세상을 탓한다.

9.
[꿈] 내 꿈을 굳이 누가 알아주기를 바라지 않는다.
[망상] 자신의 망상을 천하가 알아주기를 바란다.

10.
[꿈] 진짜 꿈이 있는 사람 주변으로는 사람들이 모인다.
[망상] 듣고 나면 그 사람과 점점 멀어지게 된다.

045th.

자판기에서 배우다.

1. Give & Take

동전 주고 그리고 음료수 받고.

하지만 사람들은 먼저 받고 그리고 주려고 한다.
먼저 주는 게 원칙이다.

2. 임계점

500원짜리 음료수를 마시려면 500원을 넣어야 한다.
400원 넣는다고 400원어치만큼 안 나온다.
우리의 노력도 임계점을 넘겨야 결과를 맛볼 수 있다.

046th.

금전적 구걸에서 벗어날 수는 있어도,
인정의 구걸에서 벗어나기란 쉽지 않다.

누군가를 진심으로 인정해주는 것은
그 사람의 삶을 채워주는 행위이다.

047th.

학습 [學習]: 배워서 익힘.

배우기만 하는 것은 학습이 아니다.
반복숙달을 통해 익히는 과정이 있어야 한다.

048th.

He who can, does. He who cannot, teaches.
: George Bernard Shaw :

할 수 있는 자는 행한다.
할 수 없는 자는 가르친다.
: 조지 버나드 쇼 :

The man who has no imagination has no wings.
: Mohamed Ali :

상상하지 않는 자에겐 날개가 있을 수 없다.
: 모하메드 알리 :

049th.

당장 눈앞에 보이는 목표만 꾸역꾸역 해결하면 될 것 같았지만, 그 뒤에는 더 큰 문제들이 끊임없이 우리를 기다리고 있었다. 모든 면에서 갈수록 경쟁이 심화하지만, 우리의 '경쟁력'은 강화되지 못했다. 〈完〉

050th.

내가 만약 1시간 후에 죽으면 난 무엇을 할 것인가?
내가 만약 1년 후에 죽으면 난 무엇을 할 것인가?
내가 만약 10년 후에 죽으면 무엇을 할 것인가?

051 st.

시간이 넘쳐 날 때 선택은 가능하지만, 집중은 힘들다. 그래서 결국 임계점에 도달하지 못하기 때문에 성장하지 못한다. 때로는 결핍이 우리를 성장시키는 최고의 원동력이 된다.

052nd.

탑을 높게 쌓고 싶다면,
밑단부터 넓게 쌓아야 한다..
그래서 기본기가 중요한 것이다.

053rd.

3대 보존 법칙

1. 질량 보존의 법칙
2. 에너지 보존의 법칙
3. "똘아이" 보존의 법칙

시사점

1. 살 빼고 싶으면 적게 먹어라.
2. 열심히 한 것은 다 돌아온다.
3. 어딜 가나 "똘아이"는 있다. 피할 생각하지 말고 극복해라.

<졸업선물 中>

054th.

직장 동료가 친구라면
그것만큼 행복한 일도 없다.
직장 동료가 원수라면
그것만큼 불행한 일도 없다.

나는 어떤 존재인가?

055th.

Some people want it to happen,
some wish it would happen,
others make it happen.
: Michael Jordan :

누군가는 바라고,
다른 누군가는 희망하고 있을 때,
또 다른 누군가는 그것을 현실로 이루어낸다.
: 마이클 조던 :

Slow and steady wins the race.
: Aesop :

느리더라도 꾸준하면 경주에서 이긴다.
: 이솝 :

056th.

자신이 관심 있는 분야나, 일이나 전공과 관련된 분야의 책을 최소 50권 많게는 200권 정도 읽어보는 것이다. 한 분야의 독서량이 이 정도 쌓이게 되면 준전문가 수준의 식견을 얻게 된다. 그렇게 되면 자신이 하는 일에 직접적인 도움이 될 뿐만 아니라 전문가들을 비평할 정도의 실력을 갖춘 자신을 보며 삶에 큰 자신감을 얻을 수 있다. 〈完〉

057th.

여행의 궁극적 목적은
기존의 내가 살던 곳을 낯설게 하는 것이다.
그래서 모든 것을 새로운 시각으로 바라보게 하는 것이다.

058th.

연구[研究]: 어떤 일이나 사물에 대하여 깊이 있게 조사하고 생각하여 진리를 따져 보는 일.

우리는 모두가 인생의 연구자가 되어야 합니다.

059th.

단순히 일기를 쓴다고 생각하지 말자.
이것은 나만의 역사이다.
어쩌면 모두의 역사 가 될지도 모른다.

060th.

우리가 학교에서 훈련 받은 능력은 정답을 잘 '찾는' 능력이다.
하지만 사회에서 요구되는 능력은 정답을 잘 '만드는' 능력이다.

061 st.

태도가 전부다.
습관이 삶이다.

좋은 태도와 습관을 가졌다면
충분히 완벽한 인생이다.

Anyone can steer the ship when the sea is calm.
: Publilius Syrus :

바다가 잔잔할 때는 누구나 배의 키를 잡을 수 있다.
: 퍼블릴리어스 사이러스 :

In the realm of ideas everything depends on enthusiasm;
in the real world all rests on perseverance.
: Johann Wolfgang von Goethe :

발상의 영역에서는 모든 것이 열정에 달려 있다.
실제 세계에서는 모든 것이 인내에 달려 있다.
: 요한 볼프강 폰 괴테 :

우리나라 사람 대부분이 영어독해는 어느 정도 된다고 생각하는데 엄청난 착각이다. 당장 내가 다녔던 삼성에서도 영어로 편안하게 자료를 읽는 사람은 많지 않았다. 실제로 수많은 친구와 상담을 통해 확인한 결과, 명문대를 졸업하고 심지어 외국 생활까지 했어도 영어로 정보를 제대로 습득하는 친구는 생각보다 많지 않았다. 역으로 생각했을 때, 영어 독해력이 아주 높다면 (거기에 쓰기만 어느 정도 된다면) 여전히 경쟁력이 높다고 말할 수 있다. 〈完〉

064th.

명상이 좋다는 이야기는 수없이 들었어도 명상을 하는 사람은 드물다. 거창하게 명상까지 갈 필요도 없다. 조용한 곳을 찾을 필요도 없다. 때로는 그냥 눈을 감고 귀를 막고 3분 정도 숨 쉬는 것에만 집중을 하자.

한 번 해보세요. 생각보다 훨씬 좋습니다.

065th.

아무 생각 없이 살다가 정신 차리고
의미 있는 삶을 살게 되는 10단계 과정 1

1 _ 잘못을 인지하고 공부를 시작. (인생 시동)
2 _ 공부 시간을 충분히 확보함. (우선 참으면서 공부. 모멘텀 형성)
3 _ 공부 자체가 습관이 됨. (체득화)
4 _ 문득문득 깨달음. (양질의 전환)
5 _ 공부를 깊게 하고 싶어짐. (관련 서적을 여러 권 읽는 단계)

아무 생각 없이 살다가 정신 차리고
의미 있는 삶을 살게 되는 (10단계) 과정 II

6 _ 뻔한 말이 더 이상 뻔한 말이 아님. (Re + Search가 가능해짐)
7 _ 지적 습득의 공부보다 탐구정신과 창조의 욕구가 발생함. (철학이 생김)
8 _ 공부한 지식이 무의식의 영역으로 들어옴. (그 분야에 전문가가 됨)
9 _ 전혀 별개로 보이던 분야의 연결고리가 보임. (삶의 원리 터득)
10 _ 인생의 뜻을 세우게 됨. (삶의 목적이 생김)

여러분은 어디에 있나요?

067th.

내일도 태양은 뜰까?
그렇게 보이겠지만,
엄밀히 말하면
내일도 지구는 자전을 할 것이다.

우리는 언제나 철저하게 **자기중심적**으로 사고한다.

068th.

Perfection is not attainable,
but if we chase perfection we can catch excellence.
: Vince Lombardi :

완벽의 경지에는 도달할 수 없다.
그러나 완벽을 추구한다면 탁월함을 얻을 수 있다.
: 빈스 롬바르디 :

Never forget that only dead fish swim with the stream.
: Malcolm Muggeridge :

단지 죽은 물고기들만이 물결을 따라 흘러간다는 것을 결코 잊지 말라.
: 말콤 머거리지 :

069th.

결국은 공부가 생각보다 많은 것을 해결해 주지만, 안타깝게도 대부분의 사람은 공부하지 않는다. 잊지 말자. 공부가 답이다. 회사 생활을 시작해도 꾸준히 능동적으로 공부할 마음만 있다면 생각보다 직장 생활은 힘들지 않다. 그렇다고 학창 시절에 공부를 제대로 못한 것을 두려워하거나 후회할 필요는 없다. 처음에는 조금 힘들겠지만 마음먹고 제대로 공부하면 생각보다 빨리 적응할 수 있다. 그렇게 제대로 공부를 하고, 또 내가 만드는 제품 혹은 서비스가 세상 사람들에게 도움이 된다는 의미부여까지 하게 된다면 회사 생활만큼 즐거운 일이 없다. 업이 삶이 되는 것이다. 〈完〉

070th.

변화의 시작은 포기다.
버리지 못하면 비우지 못한다.
비우지 못하면 채우지 못한다.
과거에 대한 포기 없이 변화는 없다.
더 포기하는 만큼 더 크게 변할 수 있다.

071 st.

충고[忠告]: 남의 결함이나 잘못을 진심으로 타이름. 또는 그런 말.

진심으로 하자.
그래야 충고다.

인류 최고의 천재 중 하나인 레오나르도 다 빈치(Leonardo da Vinci)가 남긴 노트의 한 페이지에는 그가 적어 놓은 '할 일 목록' 15개가 나온다. 그런데 흥미롭게도 15개 중 8개가 누군가를 만나 '조언'을 구하는 것이었다.

경영전략 교수 이타이 스턴(Ithai Stem)과 제임스 웨스트팔(James D. Westphal)이 미국의 350개 대기업 경영진이 어떻게 이사회 임원까지 올라갔는지를 연구했다. 그 결과 핵심적인 경쟁력 중 하나가 '조언'을 구하는 것임을 알아냈다.

조언을 구하고 있습니까?

073rd.

100m 달리기 시합에 출전했다면 120m를 달려야 한다.
그래야 목표 지점에서 최고기록을 낼 수 있다.
과정의 끝은 목표지점이 아니다.
목표 너머에 있다.

074th.

욕심은 그릇을 채운다.
양보는 그릇을 키운다.

욕심부리지 말라는 이야기가 아니다.
양보부터 하고 욕심부리라는 말이다.

그래야 넘치지 않는다.

<졸업선물 中>

075th.

One loyal friend is worth ten thousand relatives.
: Euripides :

한 명의 진정한 친구는 만 명의 친척만 한 가치가 있다.
: 에우리피데스 :

◇ ◇

Don't listen to their words, fix your attention on their deeds.
: Albert Einstein :

그들의 말을 듣지 말고, 그들의 행위에 집중하라.
: 알베르트 아인슈타인 :

076th.

처음부터 잘하는 사람은 없다. 분명히 처음 시도하면 머릿속에 그려왔던 생각과는 다르게 많이 엉성할 것이다. 그렇게 초라한 자신의 모습을 타인에게 들킬지도 모른다는 생각에 움츠려들 수도 있다. 또 생각보다 만만하지 않은 현실의 벽에 부딪히면서 쉽게 잊혀지지 않는 씁쓸한 좌절감을 맛볼지도 모른다. 그런 트라우마들이 누적되면서 점점 시도하기가 두려워질 수도 있다. 그럴 때 필요한 것이 '용기(勇氣)'인 것이다. 여기서 용기의 뜻도 다시 한 번 살펴볼 필요가 있다. 흥미롭게도 용(勇)자는 '날래다'는 뜻을 지니고 있다. 결국 우리에게 필요한 태도는 배웠으면 '빠르게' 실천하고 또 실패해도 다시 '빠르게' 시도하는 '날쌘 기운(용기)'인 것이다. 〈完〉

077th.

많은 사람들이 도전을 했다고 하지만,
약간의 노력으로 큰 성공을 바랬다면
그건 도전이 아니라 도박이었던 것이다.
이런 사실을 인지 못하고 계속 반복하면
도전자가 되는 것이 아니라 도박꾼이 된다.

078th.

방향이 속력보다 중요한 것은 아니다.
방향이 정해지면 속력이 중요하다.
결국 순서의 문제이기 때문에 둘 다 중요하다.

079th.

문명인과 야만인을 구분하는 기준은 주로 사려(Prudence), 좀 더 의미가 넓은 용어를 쓰자면 예상(forethought)이다. 문명인은 장래의 쾌락을 위해. 설령 장래의 쾌락이 꽤 먼 미래에 주어질지라도 현재의 고통을 기꺼이 참아낸다. 이러한 인내 습관은 농업의 발생과 더불어 중요한 의미를 갖기 시작했다. (중략) 진정한 의미의 예상은. 충동과 아무 상관 없이 이성이 장래의 어느 날 이익을 가져다 준다고 생각하기 때문에 행동하는 경우에만 일어난다. 사냥은 현재의 쾌락을 즐기려는 것이므로 예상할 필요가 없다. 그러나 경작은 노동이며. 자연적 충동에 따라서는 경작을 할 수가 없다.

<서양철학사, 버트런드 러셀(Bertrand Russell)>

당신은 문명인입니까?

080th.

프로가 항상 극복하려는 세 가지 'ㄴ'

납기, 나태함 그리고 나(자신)

081 st.

자신감은 마음에서 나오지 않는다.
자신감의 원천은 실력이다.
실력의 뿌리는 공부에 있다.
공부하지 않으면 실력은 메마를 것이다.

그러니 부지런히 공부해야 한다.

082nd.

Thorough preparation makes its own luck.
: Joe Poyer :

철저한 준비가 스스로의 운을 만든다.
: 조 포이어 :

The secret of getting ahead is getting started.
: Mark Twain :

앞으로 나아가는 비결은 일단 시작하는 것이다.
: 마크 트웨인 :

083rd.

살다 보면 이런저런 변명은 할 수도 있다. 하지만 나 자신이 성장하는 일에 대한 변명은 하지 말자. 자신의 잘못과 부족함을 용기 있게 인정하지 못한다면, 안타깝게도 우리 삶이 점점 비루해지기 시작한다. 《完》

084th.

나쁜 아이디어 < 좋은 아이디어 <<<<<<<< 실천된 아이디어

결국, 실천되지 않은 아이디어는 좋건 나쁘건 간에 대부분 무의미하다.

085th.

권투 선수는 시합을 준비할 때
때리는 연습도 하지만 맞는 연습도 한다.
우리는 살면서 너무 공격만 배우고 연습하는지도 모른다.
그래서 어쩌다 정신적으로 한 대만 맞아도 그렇게 휘청거리는지도...

086th.

결국 성취되는 목표의 세 가지 특징은 다음과 같다.

명료하다.
단순하다.
그리고 두근거린다.

087th.

집중 [集中] : 한 가지 일에 모든 힘을 쏟아부음.

스마트폰을 옆에 두고 하는 집중은 없다.

088th.

걱정을 없애는 가장 빠른 방법은
더 큰 걱정을 만드는 것이다.
계획적으로 만들어진 걱정을
우리를 도전이라고 부른다.

089th.

◇

Be brave. Take risks.
Nothing can substitute experience.
: Paulo Coelho :

용감해져라. 위험을 감수해라.
경험을 대신할 수 있는 것은 아무것도 없다.
: 파울로 코엘료 :

◇ ◇

Adversity causes some men to break,
others to break records.
: William Arthur Ward :

역경 앞에서 누군가는 무너지지만,
다른 누군가는 새로운 기록을 세운다.
: 윌리엄 아서 워드 :

실패가 거듭되는 공부나 일을 반복적으로 할 때 우리는 기대를 잃어 버린다. 그러나 그때마다 내가 왜 이 공부를 해야 하는지, 이 일의 진정한 가치가 무엇인지를 찾고 상기할 필요가 있다. 니체(Friedrich Nietzsche)는 '살아야 할 이유를 아는 사람은 거의 어떠한 상태에서도 견딜 수 있다.'라고 말했다. 비록 비관적인 상황에서 기대조차 찾을 수 없는 상태에 있다 할지라도 내가 하는 것들에 의미를 부여하고 가치를 확인한다면 견뎌내는 힘이 생기는 것이다. 〈完〉

091 st.

공부할 때 졸지 말자.
그럴 거면 그냥 자자.

약속시간은 언제나 30분 일찍 만날 생각으로 출발하자.
책 읽을 시간 없다고 하지 말고 일찍 도착해서 책을 읽자

평일 저녁에 만나면서, 주말 오후에 만나면서,
차가 막혔다는 바보 같은 변명은 하지 말자.
설마 안 막힐 줄 알았는가? 전철을 타면 막히지 않는다

약속에 늦는 건 상대방이 여러분에게 중요하지 않다는 것이다.
입사면접에 늦을까? 해외여행 비행기 출발시간에 늦을까?

그러니 늦지 말자.

# 093rd.

그 나물에 그 밥도 배고프면 맛있다.
때로는 부족함이 풍족함을 이긴다.

094th.

악착같이 성공하자.
그래야 '도박'이 '신의 한 수'가 되고,
'무식'도 '신념'이 된다.

095th.

정신나감 모두를 만족시킴.
부질없음 다수를 만족시킴.
현실적임 원하는 사람을 만족시킴.
이상적임 나를 만족시킴.

096th.

Effort only fully releases its reward after a person refuses to quit.
: Napoleon Hill :

노력은 사람이 그만두길 거부할 때만 그 보상을 전부 준다.
: 나폴레온 힐 :

Life is either a daring adventure or nothing.
: Helen Keller :

인생은 대담한 모험 또는 아무것도 아닌 것, 둘 중의 하나이다.
: 헬렌 켈러 :

097 th.

우리 뇌는 동시에 두 가지에 집중하지 못한다. 두 가지 과제에 주의를 기울이면 같은 시간에 두 가지를 일해서 더 효율적일 것 같지만 실제로는 그렇지 않다. 물론 이미 습관화된 일이나 너무나 쉬운 과제는 두 가지를 동시에 한다고 생각할 수 있다. 하지만 그것들은 '주의'를 요구하지 않는 것들이다. 걸어가면서 음악 가사에 집중할 수는 있겠지만, 책의 내용을 제대로 이해하려고 하면서 동시에 음악 가사에 집중할 수는 없다. 〈完〉

098th.

받는 기쁨보다 주는 기쁨에 익숙해져야 한다.
그래야 기쁨의 타이밍을 결정할 수가 있다.

099th.

일 못하는 사람의 특징 I

1 _ 시간이 없다고 항상 투덜거림.
2 _ 일이 계획대로 된다고 믿고 있음.
3 _ 자신은 괜찮은데 주변 사람이 부족하다고 생각함.
4 _ 함께 일하는 사람에 대한 배려가 없음.
5 _ 조금만 일을 잘해도 인정받고 싶어서

100th.

일 못하는 사람의 특징 Ⅱ

6 _ 디테일이 왜 중요한지 모름.
7 _ 잘못에 대한 인정을 안 함.
8 _ 피드백을 구하지 않음.
9 _ 변화를 두려워함.
10 _ 발전을 위한 공부(독서)를 안 함.

101 st.

동물원에서 사육된 사자와 호랑이의 사냥 능력이 자연스럽게 퇴화되듯이,
어쩌면 매일같이 '스마트'폰을 쓰는 우리도
'스마트'해질 기회를 잃고 있는지도 모를 일이다.

102nd.

엄청난 노력이 작은 과정의 차이를 만든다.
그 작은 과정의 차이는 거대한 결과의 차이를 만든다.
엄청난 노력이 거대한 결과로 바로 연결되는 것 같지만,
그 연결고리는 대부분이 대수롭게 생각하지 않는 '작은 차이'이다.

103rd.

The mind is ever ingenious in making its own distress.
: Oliver Goldsmith :

마음은 스스로의 고민거리를 만들어 내는 데 있어서 언제나 뛰어난 창의력을 보여준다.
: 올리버 골드스미스 :

Setting goals is the first step in turning the invisible into the visible.
: Anthony Robbins :

목표를 세우는 것은 보이지 않는 것을 보이는 것으로 바꾸는 첫 번째 단계이다.
: 안토니 로빈스 :

'모두가 대단한 일을 할 수 있지만, 대부분은 시험이 삶의 한계가 되고 한계가 확장되면서 시험이 인생의 목표가 된다.'고 하셨습니다. 그러니 '반드시 시험을 뛰어넘으라'고 조언해 주시면서 '제대로 꾸준히 하면 누구나 이겨낼 수 있다'고 격려해 주셨습니다. 그 말을 들었을 때 사실 충격이었습니다. 시험은 제 평생에서 언제나 저보다 더 거대한 존재였습니다. 하지만 조언을 들은 후 완전히 관점이 바뀌었고, 성적을 받기 위해 시험을 보는 것이 아니라 저 자신이 얼마나 제대로 알고 있는지 확인하기 위해 시험을 보고 싶어졌습니다. 살면서 처음으로 (여전히 힘들었지만) 공부를 신나게 했습니다. 그리고 모든 시험을 주어진 시간보다 훨씬 빨리 풀고 나왔고, 저는 학과에서 1등을 하고 처음으로 성적 장학금을 받았습니다.

〈完〉

105th.

인생에 있어서 나아가기 위해서는 현실을 넘어선 이상적인 생각이 필요하다.
반대로 살아남기 위해서는 예상보다 참혹한 최악의 상황에 대한 준비가 필요하다.
목표추구와 위기관리 사이에서 적절한 균형잡기가 성공하는 인생의 필요충분조건이다.

무심코 지나쳤던 수많은 꽃들은 내가 의미를 주지 않았기에 한낱 '먹지도' 못하는 꽃들이지만, 씨앗부터 심어서 꽃을 피워보면 그렇게 예쁠 수가 없다. 꽃이 피기 전 새싹부터도 예쁘다. 또 그렇게 예쁜 꽃이 피려면 '시간'이라는 게 걸린다. 그 시간은 어떻게 할 수 있는 방법이 없다. 묵묵히 기다려야 된다. 또 없앨 것 기다리는 시간이 있기에 내가 키운 꽃이 그렇게 예쁜 것이다. 그렇게 인생은 의미는 찾는 것이 아니라 부여하는 것이다.

<졸업선물 中>

107th.

젊음은 파종의 시기이다.
수확의 시기가 아니다.
무엇을 얻을 것인가에 집착하지 말고,
<u>무엇을 심을 것인가</u>에 집중해라.
그래서 다양한 도전을 해야 한다.
굳이 도전에서 성공의 열매를 얻을 필요는 없다.
경험이라는 가능성의 씨앗만 얻어도 충분하다.

108th.

배우는 기쁨보다 실천하는 기쁨을 더욱 누려야 한다.
머리로 느낀 기쁨은 휘발성이 높다.
실천으로 얻은 기쁨은 오래간다.

109th.

해외여행 계획 짜는 노력으로
새해 계획을 세운다면
지키지 못할 이유가 전혀 없다.

110th.

Mistakes are always forgivable,
if one has the courage to admit them.
: Bruce Lee :

어떠한 실수를 범하더라도, 용서받을 길은 열려 있다.
실수라는 것을 인정할 용기가 있다면.
: 이소룡 :

You are never too old to set another goal or to dream a new dream.
: C. S. Lewis :

또 다른 목표를 세우고 새로운 꿈을 꾸기에 너무 늦은 나이란 없다.
: C. S. 루이스 :

111th.

목표는 왜 중요할까?

1 _ 목표는 현재 우리가 무엇을 해야 하는지를 알려준다.
2 _ 목표는 가장 강력한 동기부여 중 하나다.
3 _ 목표는 현재 모습을 구체적으로 보도록 해준다. 〈完〉

112th.

거짓말로 순간을 모면할 수는 있다.
하지만 인생을 모면할 수는 없다.
정직하게 사는 것이 결국 가장 효과적이다.

113th.

어른 : 다 자라서 자기 일에 책임을 질 수 있는 사람.

나이만 먹는다고 절대 저절로 어른이 되지 않는다. 책임을 질 수 있어야 한다.
책임지지 못하면 여전히 우리는 '어른이'일 뿐.

114th.

인생은 리그다.

토너먼트가 아니다.
한 판 졌다고 끝나지 않는다.
우리는 다시 시합에 나가야 한다.
어제는 어제다. 오늘이 중요하다.
그게 인생이다.

115th.

실질적 용기란?
실패와 시선에 대한 태연함이다.
그 어떤 실패도 그 누구의 시선도
용기 있는 자를 막을 수는 없다.

116th.

빨리 가려면 혼자 가라.
멀리 가려면 함께 가라.
빨리 그리고 멀리 가려면
좋아하는 사람들과 함께 가라.

117th.

Winning is habit. Unfortunately, so is losing.

: Vince Lombardi :

승리는 습관이다. 불행히도 패배도 그렇다.

: 빈스 롬바르디 :

Chance is always powerful.
Let your hook be always cast in the pool where you least expect it,
there will be a fish.

: Ovid :

우연은 강력하다.
항상 낚시 바늘을 던져두라.
기대하지 않는 곳에 물고기가 있을 것이다.

: 오비드 :

118th.

우리는 대부분 암기를 싫어한다고 하지만, 그것은 오해다. 제대로 된 전략으로 암기해 본 적이 없어서 암기를 통한 성취를 이룬 적이 거의 없기 때문이다. 그러므로 암기에 대한 적절한 동기부여가 되지 않는 것이다. 공부에서 암기는 운동으로 따지면 기초체력이다. 그 어떤 운동도 기교를 따지기 전에 기초체력이 충분히 쌓여야 한다. 〈完〉

119th.

때로는 답이 안 보여도 노력해야 한다.
그 이유는, 무기력에 빠지면
답이 안 보이는 것이 아니라 '없어지기' 때문이다.
할 수 있다는 감각을 유지하는 것만으로 의미는 크다.
잊지 말자. 답은 어딘가에 있다.

종교를 떠나서 기도의 핵심은 감사와 반성이다. 반성은 인생의 거름이다. 우리를 자라게 해준다. 감사는 삶의 원동력이다. 우리를 나아가게 해준다. 그러니 요행을 빙자한 '주문'을 기도라고 하지 말고, 기도할 때는 늘 반성하고 감사하자.

<졸업선물 中>

121 st.

시작을 했으면 무조건 끝을 내야 한다.
그렇지 않으면 노력은 'No력'이 된다.

122nd.

나를 향한 타인의 시선이 언제나 두렵다면,
최근 기억나는 주변 사람들 실수 10개만 적어보자.
우리는 생각보다 남을 신경 쓰지 않으면서
다른 사람이 우리를 엄청 신경 쓸 것이라고 착각한다.
오해입니다.

123rd.

때로는 더 잘하려고 노력하기보다는
다른 방향으로 바꾸는 시도를 해야 한다.
이런 방향 전환에는 노력보다는 용기가 필요하다.

Learn from yesterday, live for today, hope for tomorrow.
The important thing is not to stop questioning.
: Albert Einstein :

어제로부터 배우고, 오늘에 충실하고, 내일에 희망을 가져라.
중요한 건 질문을 멈추지 않는 것이다.
: 알베르트 아인슈타인 :

Being ignorant is not so much a shame,
as being unwilling to learn.
: Benjamin Franklin :

배우지 않으려는 것보다,
무지함이 덜 부끄러운 것이다.
: 벤저민 프랭클린 :

125th.

단기 목표는 절대 막연하면 안 된다. 목표 지점도 명확해야 하고 또 계획도 최대한 치밀하게 세워야 한다. 특히 정교한 계획에는 시간 관리가 반드시 포함되어야 한다. 체계적인 시간 관리가 없는 계획은 경기 기록을 측정하지 않는 세계육상선수권 대회나 마찬가지다. 의미가 없다는 말이다. 〈完〉

126th.

시간이 부족하다고 불평하지만
막상 시간이 주어지면 어찌할지를 모른다.
결국 부족했던 것은 시간이 아니라
계획과 의지였다.

127th.

성취하고 싶다면 반드시 필요한
세 가지 'ㄷ'

동기부여,
디테일
그리고 단호함

128th.

운은 결정할 수 없다.
하지만 운이 왔을 때 어떻게 확장시킬지는
철저하게 실력으로 결정할 수 있다.
대부분의 사람들에게 없는 것은 운이 아니라
기회를 발전시킬 준비된 실력이다.
내가 운이 없어도 내 주변 사람에게 운이 있고
그 운을 키워나갈 힘이 우리에게 있다면
운 좋은 사람은 아니어도 운 '주운' 사람은 될 수 있다.

129th.

美 완성

아직 도전할 수 있다는 것은
충분히 아름다운 일이다.

130th.

성공에 취하면 아무것도 들리지 않지만,
실패에 빠지면 뭐라도 잡고 싶다.
그래서 성공에 대한 칭찬보다는
실패에 대한 격려가 10배는 값어치 있다.

131 st.

The great aim of education is not knowledge but action.
: Herbert Spencer :

교육의 위대한 목표는 앎이 아니라 행동이다.
: 허버트 스펜서 :

Don't judge each day by the harvest you reap but by the seeds that you plant.
: Robert Louis Stevenson :

거둔 것이 아닌 뿌린 것으로 하루를 평가하라.
: 로버트 루이스 스티븐슨 :

내게 선택권이 있음을, 자신을 통제할 수 있음을, 그리고 공부든 일이든 인생이든 뭐든지 내가 어떻게 하느냐에 달려 있다고 믿을 때 그 사람은 그 어떤 사람보다 동기화될 것이며 자신이 원하는 목표에 기어이 도달하게 될 것이다. 〈完〉

133rd.

우선 딱 이틀만 버텨보자.

나는 어제 참았습니다.
오늘도 참을 수 있습니다
그리고 내일은 절대로 생각하지 않았습니다.
도로시 딕스(Dorothy Dix)

오늘 힘들고,
내일은 더 힘들겠지만,
모레는 아름다울 것이다.
마윈(马云)

동기부여는 일종의 정신력장(場)이다. 자석이 있으면 자기장 때문에 쇠가 자석 쪽으로 끌려가듯이, 강력한 동기부여가 있으면 우리의 모든 행위는 결심의 방향으로 끌려갈 수밖에 없다. 그러니 항상 자신에 대해 골똘히 생각해보면서 나는 어떨 때 자극을 받고 무언가 하고 싶다는 욕구가 생겼는지 잘 생각해봐야 한다. 적절한 동기부여를 찾을 수만 있다면 성공으로 안내하는 내비게이션을 탑재한 것이나 다름없다.

<졸업선물 中>

135th.

가식적 긍정보다
솔직한 부정이 낫다.

역시 최고는 솔직한 긍정이다.

136th.

'깊이'가 없으면 '기피'하게 된다.
'기피'하지 않으면 결국 '깊이' 알게 된다.

137th.

우리에게 가장 필요한 디톡스(해독)는
'스마트폰 디톡스'이다.
중독도 이런 중독이 없다.

138th.

Pasta doesn't make you fat.
How much pasta you eat makes you fat.
: Giada De Laurentiis :

파스타는 당신을 살찌게 하지 않는다.
얼마나 먹는지가 당신을 살찌게 한다.
: 지아다 드 로렌티스 :

Success usually comes to those who are too busy to be looking for it.
: Henry David Thoreau :

성공은 대개 그것을 좇을 겨를도 없이 바쁜 사람에게 온다.
: 헨리 데이비드 소로 :

139th.

경청하는 사람은 말하는 사람에게 호감을 이끌어 낼 수 있다. 말하는 사람은 잘 듣는 사람을 좋아하게 된다. 또한 2012년 직장에서 영향력이 높은 사람의 특징을 알아본 연구 결과에 의하면, 말을 잘하는 것과 타인의 말을 진실하게 경청하는 능력이 결합된 인물일수록 동료들에게 신망을 얻는다는 사실을 알아냈다. 〈完〉

140th.

관계의 법칙

잠깐 만날 관계면 최대한 뽐내라.
오래 만날 관계면 최대한 겸손해라.

141 st.

운을 막는 세 가지 요소.

어설픈 지식
알량한 권위의식
만성적 나태함.

142nd.

프로의 세계에서 살아남으려면
국기에 대한 맹세보다
'납기'에 대한 맹세가 필요하다.
정해진 시간 안에 결과를 내는 것이 프로이다.

143rd.

최고의 고수들이 모이는 곳이 유망한 곳 이다.
실력도 없는데 막연하게 유망한 분야를 꿈꾸면
'You망한'을 경험하게 될 것이다.
그렇다. 당신만 망한 것이다.

144th.

인생의 성공 이유는 수천 가지가 있을 것이다. 그 중 하나는 시간의 시작과 끝에 충분한 여유를 두는 것이다. 충분히 일찍 약속시간에 먼저 도착하고, 또 조금이라도 더 완벽히 끝낼 수 있도록 계획을 치밀하게 준비하라는 것이다.

145th.

The value of a man resides in
what he gives and not in what he is capable of receiving.
: Albert Einstein :

무엇을 받을 수 있나 보다
무엇을 주는가에 한 사람의 가치가 있다.
: 알베르트 아인슈타인 :

A genius is just a talented person who does his homework.
: Thomas Edison :

천재란 자신의 숙제를 하는 재능이 있는 사람일 뿐이다.
: 토마스 에디슨 :

146th.

창의적인 사람은 일단 아이디어를 많이 낸다. 1만 5천 곡의 클래식을 분석한 결과 일정 기간 안에 작곡한 작품 수가 많을수록 음악가가 걸작을 작곡할 확률이 높은 것으로 나왔다. 많이 시도하는 것 자체가 창의적인 행동인 셈이다. 〈完〉

147th.

문제가 복잡할수록 단순하게 생각하는 게 중요하다.
단순하다는 것은 간단하다는 것을 의미하지 않는다.
단순함은 '단단한 순수함'이다.
즉 본질을 말하는 것이다.
복잡할수록 단순하게 생각하라는 것은
쉽게 생각하라는 것이 아니라 '깊게' 생각하라는 뜻이다.

148th.

'필인'이 되자.

1_ 必人 : 필요한 사람 & 반드시 해내는 사람
2_ Feel人 : 타인의 감정을 느끼는 사람
3_ Fill人 : 타인을 채워주는 사람

<졸업선물 中>

149th.

지식 [知識]: 어떤 대상에 대하여 배우거나
실천을 통하여 알게 된 명확한 인식이나 이해.

대충 공부해서는 절대 지식이 축적되지 않는다.
'명확한' 인식 이나 이해 가 필요하다.

150th.

자명한 사실은 인생은 끝이 있다는 것이다.
그러니 제발 아까운 시간을 낭비하지 말자.
할 수 없는 것에 대한 고민은 그만하고,
자신이 잘 할 수 있는 것에 대해 집중하자.
잘 할 수 있는 게 없다면 만들자.

151 st.

시간이 없어서
운동 못 하고
독서 안 하면
미래가 없어진다.

운동과 독서는
시간을 빛내서라도
해야 되는 것이다.

152nd.

It is no use saying, 'We are doing our best.'
You have got to succeed in doing what is necessary.
: Winston Churchill :

'최선을 다하고 있다'는 말은 무용지물이다.
필수적인 것들은 반드시 성공해내야 한다.
: 윈스턴 처칠 :

Nothing is stronger than habit.
: Ovid :

습관보다 강한 것은 없다.
: 오비드 :

153rd.

똑같은 지식을 간접적으로 배운 경우와 경험을 통해서 배운 경우는 겉으로 보기에 아는 것은 비슷할지 모르겠지만, 깊이와 섬세함 그리고 그 지식에 대한 확신 정도는 비교조차 되지 않는다. 〈完〉

154th.

아가미 없이 포유류로 바닷속에서 태어나서 호흡을 하기 위해 수면 밖으로 반드시 나와야 하는 고래들. 사회적 동물인 인간으로 태어나 일, 공부, 인간관계를 피할 수 없는 우리들. 숨쉬기 위해 밖으로 솟구쳐 나오는 거대한 흰 수염고래나 돌고래 떼의 모습을 우리는 장관이라고 한다. 살기 위해 사람들과 뒤엉켜 매일매일 일을 하고 경쟁에서 살아남기 위해 공부하는 우리들의 모습을 고래들이 보면 멋지다고 할까?

그랬으면 좋겠다.

155th.

얼굴에 뭐가 묻으면
누가 말해주거나 거울을 보기 전까지는 모른다.
내 단점도 그렇다.

156th.

부족을 채우는 것은 만족이다.

157th.

운명은 날씨다.
우리 마음대로 할 수가 없다.
하지만 추우면 따뜻하게 입고,
더우면 그늘을 찾아갈 수 있듯이,
충분히 적응할 수 있는 것이 운명이다.

158th.

예전에 읽은 좋은 책을 다시 읽어보라.
그 책이 더 이상 좋지 않다면 성장한 것이다.
그 책이 아직도 좋다면 좋은 책을 일찍 만난 것이다.
예전에 읽은 좋은 책이 없다면 지금부터라도 읽어보자.

159th.

A goal is a dream with a deadline.
: Napoleon Hill :

목표란 마감시한이 있는 꿈이다.
: 나폴리언 힐 :

Our patience will achieve more than our force.
: Edmund Burke :

우리의 힘보다 인내심으로써 더 많은 걸 이룰 수 있다.
: 에드먼드 버크 :

회사 업무의 관점에서 보았을 때 도움 되는 공부의 두 가지 핵심을 말하면 '독해력'과 '요약 능력'일 것이다. 직장 업무가 힘든 대부분의 사회 초년생들은 둘 중 하나의 능력이라도 부족할 확률이 높다. 독해력이 부족하면 업무 파악이 잘 안 될 것이고, 요약 능력이 부족하면 보고하고 소통하는 것이 힘들 것이다. 그럼 어떻게 이 두 가지 능력을 올릴 것인가? 답은 명확하다. 독서다.

161 st.

과거로 돌아가면 무엇을 꼭 하고 싶나요?
왜 그것을 하고 싶나요?
그것을 하지 못한 게 현재 어떤 영향을 주나요?
그럼 지금의 행동은 미래에 어떤 영향을 줄까요?
지금 우리가 과거에서 돌아왔다고 생각하면 어떨까요?
무엇을 해야 될까요? 바로 지금!

162nd.

세상에 없는 세 가지

공짜,
비밀
그리고 만약

163rd.

암은 하루 아침에 생기는 것이 아니다.
그래서 쉽사리 없어지지도 않는다.
우리 삶의 문제들도 절대 하루 아침에 생긴 것이 아니다.
그래서 절대 우리도 단번에 나아질 수 없다.
'예방'하기 위해 각성하고 '개선'하기 위해 꾸준하자..

164th.

부모님 말씀 잘 듣자.
그건 조언이 아니라 (후회)이기 때문이다.

165th.

위기와 기회는 붙어있다.
기회를 놓치면 후회라는 위기의 씨앗이 심어진다.
위기를 넘기면 모든 것이 거짓말처럼 기회로 보이기 시작한다.
위기가 기회고 기회가 위기이다.

The best revenge is massive success.
: Frank Sinatra :

최고의 복수는 거대한 성공이다.
: 프랭크 시나트라 :

◇ ◇

We are always more anxious to be distinguished for a talent
which we do not possess,
than to be praised for the fifteen which we do possess.
: Mark Twain :

우리는 우리가 가지고 있는 15가지 재능으로
칭찬 받으려 하기보다,
가지지도 않은 한 가지 재능으로 돋보이려 안달한다.
: 마크 트웨인 :

글이 되지 못하는 발표는 대부분 기교에만 의존하는 발표다. 쉽게 말하면 알맹이가 없는 것이다. 글을 유려하게 쓰라는 말이 아니다. 글로 정리가 되지 않으면 발표의 핵심 내용을 온전하게 파악하지 못하는 것이다(혹은 핵심 내용이 없는 것이다). 그러니 처음 강연이나 발표를 준비한다면 최소한 한 번 정도는 차분하게 글로 써 보는 것이 좋다. 〈完〉

168th.

최근에 누군가를 칭찬했는가.
칭찬의 연료는 '여유'다.
우리나라가 칭찬에 유독 인색한 것은
성향의 문제가 아니라 여유가 없기 때문이다.

여유롭게 커피만 한 잔 할 게 아니라,
내일은 여유를 갖고 누군가를 칭찬해주는 것은 어떨까?

169th.

행복을 바라면서
행운을 쫓지 않기를….

170th.

지혜 [智慧] : 사물의 이치를 빨리 깨닫고
사물을 정확하게 처리하는 정신적 능력.

지식 기반이 없으면 지혜도 없다.
빨리 그리고 정확하게!

171 st.

가까운 사람일수록 더 잘해야 한다.
가까운 사람이 멀어질 때 몰려오는 후회는
상상 이상으로 버거울 것이다.

점심시간이나 출퇴근/등하교 시간을 짬짬이 이용하여 일주일에 책 한 권씩은 꼭 읽자. 그렇게 읽으면 일년에 50권이고 20년이면 1000권이다. 낙숫물이 돌을 뚫듯이, 그렇게 작은 시간과 노력이 인생의 한계를 뚫는 것이다.

<졸업선물 中>

173rd.

If you're not failing every now and again,
it's a sign you're not doing anything very innovative.
: Woody Allen :

때때로 실패를 하지 않고 있다면,
당신이 획기적인 시도를 전혀 하지 않고 있다는 신호이다.
: 우디 앨런 :

Life is not a problem to be solved,
but a reality to be experienced.
: Soren Kierkegaard :

삶이란 풀어야 할 문제가 아니라
경험해야 할 현실이다.
: 쇠렌 키르케고르 :

174th.

실제로 인간의 모든 신체는 성인이 되면서 퇴화하지만, 뇌만큼은 다르다. 뇌는 부지런히 쓰면 쓸수록 신경간의 새로운 연결을 만들어 내며 성장한다. 이를 뇌의 가소성이라고 한다. 다시 말해 모든 사람의 뇌는 죽을 때까지 성장한다는 사실이다. 《完》

175th.

거북이는 느림보의 대명사이지만,
그건 어디까지나 육지에서만 해당된다.
그리고 지구의 70%는 바다이다.
실제로 누가 느리고 누가 빠른 것인가?

맥락적 사고가 중요하다.

176th.

독(讀)해야 살아남는다.

讀: 읽을 독

177th.

바사니오 : 난 학창 시절에 화살을 하나 잃게 되면 그것을 찾으려고 좀 더 잘 살펴보며 똑같은 방향으로 꼭 같이 날아가는 한 대를 더 쏘았고, 둘 다 잃을 모험으로 자주 둘 다 찾았었지.

<베니스의 상인. 윌리엄 셰익스피어(William Shakespeare)>

인생은 결국 태도의 문제.
바사니오가 두 개의 화살을 다 잃었어도 그것은 실패가 아니었다.
모험이었다.

178th.

늦은 때란 없다.
결심의 순간만이 있을 뿐이다.

179th.

누군가를 감동시켜 본 적 있는가?
아니면 자신을 감동시켜 본 적이 있는가?
둘 다 없다면 죽도록 열심히 해보자.

삶이 새롭게 보일 것이다.

180th.

A pessimist sees the difficulty in every opportunity;
an optimist sees the opportunity in every difficulty.
: Winston Churchill :

비관론자는 어떠한 기회에서도 난관을 본다.
낙관론자는 어떠한 역경 속에서라도 기회를 본다.
: 윈스턴 처칠 :

Forget injuries, never forget kindnesses.
: Confucius :

상처는 잊되, 은혜는 결코 잊지 말라.
: 공자 :

181 st.

암기력은 절대 타고나는 것이 아니다. 2005년 챔피언십 대회에 참가한 메모리 그랜드 마스터도 '평범한 사람이 기억에 대해 제대로 이해하고 적절한 방법론을 따라 열심히 노력한다면 누구라도 기억력 천재가 된다.'고 말하지 않았던가! 〈完〉

182nd.

마무리 잘못하면 모든 것을 망친다.
마무리 하나 잘하면 망친 것도 살린다.

오늘의 마무리는?

183rd.

비교하지 말자.

비: 비참해지거나
교: 교만해지거나

인간은 사회적 동물이기 때문에 비교를 피한다는 것은 불가능한 일이다. 하지만 비교에 집착을 한다는 것은 인간을 사회적 동물이 아닌 사회적 괴물로 만드는 것이다. 그래서 우리는 비교의 우위에서 오는 상대적인 행복감에서 벗어나서 절대적인 행복을 즐기는 방법도 알아야 한다. 절대적 행복은 상대적 행복을 기준으로 보았을 때, 그 기준이 내가 되는 것, 즉 스스로의 성장에 초점을 맞추는 것이다.

185th.

먹지 않으면 배가 고프고,
읽지 않으면 뇌가 고프다.

186th.

초심으로 돌아가야 된다고 한다.
안타깝게 돌아갈 초심이 없다.
애초에 결심이 없었던 것이다.

초심인 줄 알고 돌아왔다.
그런데 알고 보니 허영심이었다.
오해였던 것이다.

<졸업선물 中>

187th.

Only I can change my life.
No one can do it for me.
: Carol Burnett :

나만이 내 인생을 바꿀 수 있다.
아무도 날 대신해 해줄 수 없다.
: 캐롤 버넷 :

Luck is the residue of design.
: Branch Rickey :

운은 계획에서 비롯된다.
: 브랜치 리키 :

성장 목표를 가진 사람은 공부 그 자체에 가치를 두고 자신의 능력을 향상하는데 목적을 두기 때문에 노력으로 성장한다는 믿음이 있다. 또한, 실수나 실패를 했을 때 좌절하기보다 무언가를 배우려는 경향이 강하며, 더 큰 도전을 하고 그 도전에 제대로 응전하기 위해 다양한 전략을 구사하려 한다. 실제 연구에 따르면 성장 목표를 추구하는 학생들은 성공은 노력으로 가능하다고 믿으며, 학업에서 맞닥뜨리는 도전을 받아들이며 스스로 질문하기, 요약하기 같은 효과적인 공부전략을 적극적으로 활용하는 것으로 밝혀졌다. 〈完〉

189th.

집중한다고 답이 술술 나오는 것은 아니다.
하지만 오답이 줄줄 나오는 것은 막는다.
정답을 찾지 못하는 것보다 위험한 것은
오답을 정답으로 착각하는 것이다.

집중해야 한다.

190th.

진정한 친구 하나 있으면 성공한 인생이라고 한다.
나는 누구의 인생을 성공시켜준 것일까?

191 st.

노력[努力] : 목적을 이루기 위하여 몸과 마음을 다하여 애를 씀.

우리가 노력하지 못하는 가장 큰 이유 중 하나는
　　　　　　　목적의 부재 이다.

192nd.

쉬운 일도 못하면서,
어려운 일 잘하려고 하지 말자.
꿈을 이루고 싶다면,
작은 계획부터 매일같이 지키자.
성공에 이르는 비밀은 없다.
상식만 있을 뿐이다.

193rd.

진짜 꿈을 가지고 있으면 설레게 마련이다.

지금 설렙니까?

194th.

◇

Those who dare to fail miserably can achieve greatly.
: John F. Kennedy :

비참한 실패를 감당하는 사람이 크게 성공할 수 있다.
: 존 F. 케네디 :

◇ ◇

A goal without a plan is just a wish.
: Antoine de Saint-Exupery :

계획 없는 목표는 한낱 꿈에 불과하다.
: 앙투안 드 생텍쥐페리 :

195th.

공부나 업무에서 나에게 선택권이 있고,
자신을 스스로 통제한다고 믿으며,
자율감을 느끼는 것은 동기부여에 매우 중요하다. 《完》

196th.

힘들어도 그리고 답답해도 문제의 원인은 나한테 있어야 한다. 그래야 죽이 되든 밥이 되든 내가 해결할 수 있는 것이다. 원인에 대한 해결책은 없을지언정 최소한 원인이 나한테 있다고 인정하는 것이 내 삶을 주도적으로 살기 위한 첫걸음이다.

<졸업선물 中>

197th.

세상에 공짜는 없다.
그러니 아낌없이 베풀어라.
결국 다 돌아온다.

198th.

세상에 중간은 없다.
중간에 위치하면 구분이 잘 되지 않기 때문이다.
그러니 악착같이 성공하거나 후회 없이 실패해라.
어설픈 중간보다는 눈부신 실패가 훨씬 의미가 있다.

199th.

성공하는 인생에 반드시 필요한
네 가지 '촉'

친구,
체력,
책
그리고 촉

200th.

가장 최근에 **감사한 일을** 5개만 적어보자.
적다 보면 자연스럽게 기분이 좋아진다.
혹시 적을 게 하나도 없는가?

여러분이 왜 힘든지 답이 나왔다.

201 st.

Whenever I hear, 'It cannot be done.'
I know I am close to success.
: Michael Flatley :

'그건 할 수 없어'라는 말을 들을 때마다
나는 성공이 가까워짐을 안다.
: 마이클 플래틀리 :

Small opportunities are often the beginning of great enterprises.
: Demosthenes :

작은 기회로부터 종종 위대한 업적이 시작된다.
: 데모스테네스 :

어렸을 때부터 퍼즐을 잘 풀면 다른 공부도 잘할 수 있을 것으로 생각하지만, 이는 완전한 착각이다. 퍼즐을 잘 풀면 그저 퍼즐만 잘 풀 뿐이다. 우리가 공부하는 거의 모든 분야는 지식 체계이기 때문에 개별적으로 그 지식을 배우고 익히고 기억하고 조직하지 않으면 안 된다. 〈完〉

203rd.

여러분은 어떤 사람을 신뢰합니까?

여러분은 그런 사람입니까?

204th.

꿈이 무엇인지 묻는 질문에
'행복하게 사는 것' 이라고 답하는 것은
무엇을 먹고 싶은지 묻는 질문에
'배만 부르면 됨' 이라고 답하는 것이랑 같다.
행복은 결과다. 행복하게 되는 과정이 꿈이다.

205th.

2차원적 사고로 3차원 세계를 이해했다고 착각하는 경우는
그림자를 보고 사람의 생김새를 알았다고 하는 것과 같다.

206th.

머리로만 이해한 사람이랑 직접 경험해서 깨달은 사람의 내공은 천지차이다. 그 이유는 경험을 통해 알게 되면 자신의 부족함을 깨닫게 되지만, 머리로만 이해하면 마치 다 아는 듯한 착각에 빠지기 때문이다.

# 207th.

주제만 파악해도 절반은 성공이다.
내용의 주제 그리고 자신의 주제

208th.

I'm as proud of what we don't do as I am of what we do.
: Steve Jobs :

우리가 이룬 것만큼, 이루지 못한 것도 자랑스럽다.
: 스티브 잡스 :

Thinking will not overcome fear but action will.
: William Clement Stone :

생각으로는 두려움을 극복할 수 없지만, 행동으로는 극복할 수 있다.
: 윌리엄 클레멘트 스톤 :

209th.

캐나다의 시티파크 고등학교는 학습 장애를 위한 대안학교로서, 절반 이상의 학생들이 ADHD를 가지고 있었다. 그런데 수업을 듣기 전 20분 정도 러닝머신과 자전거에서 운동한 뒤 5개월이 지나자 거의 모든 학생의 독해력, 작문, 수학 점수 등이 상승했다. 〈完〉

210th.

무조건적인 긍정은 리스크를 키운다.
지나친 비관은 가능성을 죽인다.
결국 성공은 긴장감 속에서 태어난다.
긍정과 비관의 팽팽한 긴장감 속에서 말이다.

211th.

꿈이 있으면 노력이고,
꿈이 없으면 노동이다.

212th.

인생에서 선택의 순간은 계속 온다. 수험생의 착각은 수능만 보면 인생 끝날 것 같지만 절대 그렇지 않다. 또 취업 준비생의 착각처럼 취업만 되면 모든 문제가 사라질 것 같지만 그것도 절대 아니다. 선택의 순간은 죽을 때까지 온다. 그래서 우리는 최고의 선택을 하기 위해 너무 애쓰기보다는 어떤 선택을 해도 후회가 남지 않게 최선을 다하는 습관을 가지도록 노력해야 한다. 또 한 번의 선택이 실수로 판명 났어도 다음 선택에서 올바른 선택을 한다면 언제나 실수는 만회될 수가 있다. 그러니 올바른 선택을 하지 못할까 봐 너무 초조해하지 말고, 차분히 실력을 쌓는데 더 집중하자.

<졸업선물 中>

213th.

다 만족시킬 수는 없다.
더 만족시킬 수는 있다.

214th.

깊게 생각하고,
진심으로 반성하기 위해,
때로는 외로워야 한다.

215th.

The most wasted of all days is one without laughter.
: E. E. Cummings :

인생에서 가장 의미 없이 보낸 날은 웃지 않고 보낸 날이다.
: E. E. 커밍스 :

Do not fear death so much,
but rather the inadequate life.
: Bertolt Brecht :

죽음을 그토록 두려워 말라.
못난 인생을 두려워하라.
: 베르톨트 브레히트 :

216th.

우리는 스스로에 대한 지식도 부족하지만, 상대방을 이해하는 데에도 부족한 면이 많다. 왜냐하면, 대부분 상대방이 아닌 나 중심적으로 사고하기 때문이다. 그래서 상대방이 나와 다름을 잊을 때가 많다. 〈完〉

217th.

노력을 통해 변화하는 과정은 절대 보이지 않는다.
과정을 보겠다는 것은 밥지으면서 뚜껑 열겠다는 것이다.

218th.

많은 사람들은 듣고 싶은 답을 정해 놓고 있다.
그리고 '조언'을 구한다고 착각한다.
하지만 그건 '위로'를 바라는 것이다.
조언이 필요한 시기에 위로를 얻는 것은
갈증이 날 때 바닷물을 마시는 것과 같다.
상황은 악화될 뿐이다.

219th.

문제 해결의 시작은 단순화이다.
단순화의 시작은 적는 것이다.
적었다면 문제 해결은 시작됐다.

공부해도 설명하지 못하면 모르는 것과 같다.
공부해도 실천하지 못하면 모르는 것과 같다.

공부하고 있는가?

221 st.

우리는 자신한테는 한없이 관대 하고 남한테는 끝없이 엄격 하다.
세상은 딱 그 차이 만큼 힘들다.
그래서 우리 모두가 힘든지도 모르겠다.

222nd.

The busy bee has no time for sorrow.

: William Blake :

바쁜 벌은 슬퍼할 시간이 없다.

: 윌리엄 블레이크 :

◇ ◇

Pleasure in the job puts perfection in the work.

: Aristotle :

일을 즐기면 일의 완성도가 높아진다.

: 아리스토텔레스 :

223rd.

잘 포장된 도로로 가면 장기기억이라는 목표에 도착할 수가 없다. 진흙탕 길이나 자갈길로 갈 때 장기기억에 도착할 수 있다. 인출, 시험, 암송, 토론, 요약, 글쓰기, 발표 등의 방법은 장기기억에 매우 탁월한 공부법이다. 《完》

224th.

어떤 사람과 가까이 하는지가 사실 우리의 인생을 결정한다고 해도 과언은 아니다.
그래서 진지하게 생각해봐야 한다.

나는 어떤 사람인가?

225th.

실수는 실패가 아니다.
실패를 해도 실패자가 되는 것이 아니다.
실패가 마지막일 때 우리는 실패자가 된다.
다시 도전하는 순간 과거의 실패는 바로 증발한다.
그러니 두려워 말고 도전하라.

226th.

기회가 주어지면 최선을 다하는 것이 아니라,
최선을 다하고 있으면 기회가 주어지는 것이다.

227th.

공부의 가장 큰 매력 중 하나는 나눔이다. 돈은 나누면 반이 된다. 하지만 내가 공부해서 얻은 지식은 나누면 두 명이 아는 것이 되기 때문에 두 배가 된다. 나눌 때마다 두 배가 된다니, 이보다 좋은 일이 어디 있겠는가?

'공부해서 남 주냐?' 줘도 된다!

228th.

[성공의 3가지 핵심]
명확한 목표. 구체적인 계획. 객관적인 피드백

[현실]
막연한 목표. 모호한 계획. 주관적인 변명

여러분은 어떻습니까?

229th.

The meeting of two personalities is like the contact of two chemical substances:
if there is any reaction, both are transformed.
: Carl Jung :

두 사람이 만나는 것은 두 가지 화학 물질이 접촉하는 것과 같다.
어떤 반응이 일어나면 둘 다 완전히 바뀌게 된다.
: 칼 융 :

To love someone is to identify with them.
: Aristotle :

누군가를 사랑한다는 것은 자신을 그와 동일시 하는 것이다.
: 아리스토텔레스 :

시간의 관점이 아닌 독서의 관점으로 주말 활용을 이야기해 보자. 개인차는 있겠지만 조금 노력하면 주말에 책 한 권 읽는 것은 그렇게 어려운 일은 아니다. 그렇게 일 년을 읽으면 50권 이상을 읽을 수 있다. 2년만 읽으면 100권이다. 일반 서적이 아닌 전공서적도 한 분기에 1권씩 공부한다면 이 년이면 8권이 된다. 2년간 한 분야를 파고들면 그 분야에 상당한 수준의 내공을 쌓을 수 있다. 만약에 토론까지 하면서 5년 동안 꾸준히 공부한다면 어떻게 될까(이제는 충분히 내공이 쌓이면 온라인상에서 많은 전문가와 의견을 나누는 것은 어려운 일이 아니다)? 엄청나게 성장한 자신을 발견할 수 있을 것이다. 〈完〉

231 st.

작은 성공은 '독'이 될 수 있고, 큰 실패는 '득'이 될 수 있다.
유념해야 될 점은 대부분의 우리가 매일 하고 있는 것은 '작은 실패'라는 것이다.

재능[才能]: 어떤 일을 하는 데 필요한 재주와 능력.
개인이 타고난 능력과 훈련에 의하여 획득된 능력을 아울러 이른다.

타고난 능력은 '무엇을 좋아하냐'다.
훈련을 통해 그 좋아하는 것을 잘하게 되면 재능이 생긴 것이다.

233rd.

리더(leader)는 리더(reader)여야 한다.

끊임없이 정보를 습득하지 않으면 결국에는 자신도 조직도 다 도태된다.

234th.

'요즘 아이들은 버릇이 없다.
부모님에게 대들고 음식을 게걸스럽게 먹으며,
스승에게도 버릇없이 대든다.'
_from 기원전 425년 by 소크라테스

모두가 그렇게 부족한 시절을 겪는다.
그리고 그 올챙이 시절을 망각한다.
나부터 반성한다.
그리고 다짐한다.
'꼰대'가 되지 않기로.

235th.

경험의 올바른 누적은 지식이 된다.
경험의 **잘못된** 누적은 **편견**이 된다.

236th.

Energy and persistence conquer all things.
: Benjamin Franklin :

기운과 끈기는 모든 것을 이겨낸다.
: 벤저민 프랭클린 :

Strong reasons make strong actions.
: William Shakespeare :

강력한 이유는 강력한 행동을 낳는다.
: 윌리엄 셰익스피어 :

237th.

44명의 인턴 의사의 실험에서도 긍정적인 감정의 힘은 강했다. 인턴 의사를 세 집단으로 나눴다. 한 집단은 맛있는 음식을 먹었고 다른 집단은 인도주의적 의료 행위에 대한 선언서를 읽었으며, 나머지 통제 집단은 아무것도 하지 않았다. 이후 모든 의사에게 진단하기 어려운 간 질환 증상을 보여주고 각자 진단한 것을 발표하게 했다. 가장 효율적이고 정확하게 진단한 집단은 첫 번째 긍정적 감정을 불러일으킨 집단이었다. 이들은 다른 그룹보다 더 심도 있고 세심하게 진단을 한 것으로 드러났다. 《完》

238th.

말 한마디에 천 냥 빚도 갚지만,
잘못하면 만 냥 빚도 질 수 있다.

239th.

연습은 익숙함을 선사한다.
익숙함은 자신감을 불러일으킨다.
자신감은 가능성을 싹 틔운다.
가능성은 우리를 나아가게 한다.
그래서 연습이 전부다.

240th.

가능성은 무한하다.
도전도 그래야만 한다.

241 st.

불이 붙기 위한 3가지 조건

(1) 연료 (2) 산소 (3) 점화에너지

~~~~~~

인생에 불이 붙기 위한 3가지 조건

(1) 지식 (2) 인내 (3) 열정

하나라도 부족하면 불은 붙지 않는다.

242nd.

실력은 있지만 겸손이 없는 것은
삼겹살은 구웠는데 기름장과 쌈장이 없는 것과 같다.
1%의 부족이 99%를 망치게 되는 것이다.

243rd.

Life levels all men.
Death reveals the eminent.
: George Bernard Shaw :

삶은 모든 사람을 동등하게 한다.
죽음은 탁월한 사람들을 드러낸다.
: 조지 버나드 쇼 :

◇◇

The perils of overwork are slight compared with the dangers of inactivity.

: Thomas Edison :

일을 하지 않는 위험에 비하면 과로의 위험들은 경미하다.
: 토머스 에디슨 :

목표를 세분화하여 단기 목표를 세우면 우리는 '작은 성공'을 맛보게 된다. 작은 성공은 우리를 위협하는 거대한 목표에 대해 담대한 마음을 갖게 하는 원동력이 된다. '해냈다.'라는 성취감과 '할 수 있다.'는 자신감을 불어넣어 준다. 버거웠던 일이 만만해 보이기 시작한 것이다. 〈完〉

245th.

지금 하고 있는 고민 중의 대부분은 사실
큰 문제가 아니다.
우리의 과거가 그것을 증명한다.

246th.

해충보다 더 해로운 것.

대
충

247th.

한 조사에 따르면 세일즈맨 중 약 50%는 1번만 권유를 한다고 한다.
약 10% 정도만이 4번을 권유하는데, 전체 판매량의 80%는 이들의 차지라고 한다.
판매왕의 비밀이 너무 간단해서 실망하지 않기를 바란다.
알았다고 해도 너무 들뜨지도 않기를 바란다.
결국에는 실천의 문제니깐.

248th.

질문[質問]: 알고자 하는 바를 얻기 위해 물음.

질문 을 하면 얻게 된다. 그러니 질문 하자.

249th.

행운과 불행은 아주 똑같이 예상치 못하게 찾아온다.
준비된 자는 행운을 잡고 불행을 막을 것이고,
그렇지 못한 자는 불행에 휩쓸리고 행운은 놓칠 것이다.
얼마나 준비되셨습니까?

250th.

Attitude is a little thing
that makes a big difference.
: Winston Churchill :

태도는 아주 사소한 것이지만,
그 결과는 거대한 차이다.
: 윈스턴 처칠 :

The way to get started is to quit talking and begin doing.
: Walt Disney :

실천하고 싶다면, 말하기를 멈추고 움직여 시작하라.
: 월트 디즈니 :

251 st.

열심히 공부와 일에 몰두했다면 한가로운 시간을 갖고 쉬어야 한다. 이 또한 중요한 학습 전략이다. 또한, 휴식은 피로를 풀고 힘을 회복하는 데만 도움이 되는 것은 아니다. 휴식에 들어가면 뇌는 우리가 무언가 집중할 때 하지 못했던 것을 해내기 시작한다. 무의식이 힘을 발휘하는 것이다. 〈完〉

252nd.

아이디어가 많은 사람은 전혀 부럽지 않다.
약간의 아이디어지만 꾸준히 실천하는 사람은 정말 부럽다.
하나의 아이디어라도 완벽하게 실현시킨 사람은 심지어 무섭다.

253rd.

때로는 관찰이 때로는 관측이 필요하다.
자신만의 현미경과 망원경이 있습니까?

254th.

빛을 드러내는 것은 어둠이다.
존재를 드러내는 것은 부재이다.
도전은 미지의 영역으로, 그리고 부족함의 세계로 들어가는 것이다.
그렇게 도전은 우리를 더욱 드러낸다.
진정한 자신을 오롯이 마주하고 싶다면.
도전하라.

255th.

행운

행: 행동하는
운: 운명

256th.

정상에 오르는 것은 힘들다.
정상을 지키는 것은 훨씬 어렵다.
정상에서 내려오는 일이 사실 가장 고통스럽다.

'정상'을 '사랑'으로 바꿔도 여전히 똑같다.

257th.

Great achievement is usually born of great sacrifice,
and is never the result of selfishness.
: Napoleon Hill :

위대한 업적은 보통 위대한 희생에서 나온다.
이기심에선 절대 나오지 않는다.
: 나폴리언 힐 :

The pessimist complains about the wind:
the optimist expects it to change: the realist adjusts the sails.
: William Arthur Ward :

비관주의자가 바람에 대해 불평하는 동안 낙관주의자는 그 바람이 바뀌기를 바란다.
한편 현실주의자는 돛의 방향을 조절한다.
: 윌리엄 아서 워드 :

심리학자 아모스 트버스키(Amos Tversky) 와 엘다 샤퍼(Eldar Shafir) 는 대학생들에게 설문을 작성해 오면 5달러를 보상으로 주겠다고 말했다. 대신 대학생들을 두 그룹으로 나누어 조건을 달리했다. 한 그룹은 기한을 정해 주지 않았고 다른 그룹은 5일이라는 데드라인을 정해줬다. 데드라인을 설정하지 않은 대학생들은 25퍼센트만이 설문지를 작성했다. 하지만 데드라인을 정해 준 대학생들은 무려 66퍼센트나 설문지를 작성하고 햄버거 값을 벌어 갔다. 《完》

259th.

기본의 뿌리는 기본이다.
기본이 없으면 기분은 휘둘린다.

260th.

도전과 사랑의 공통점은 한없이 무한할 수 있다는 점이다. 우리 자신이 죽음에 가까워지거나 주변에 있는 사랑하는 이들의 죽음을 경험한다면 우리의 인생이 얼마나 유한한지 깨닫게 된다. 그런 유한한 삶에서 무한한 도전과 사랑을 할 수 있다는 것은 우리가 누릴 수 있는 가장 큰 축복 중에 하나이다. 축복을 누리고 있는가?

261 st.

창업자의 50%는 준비기간이 3개월 미만이다.
심지어 20%는 1개월도 되지 않는다.
괜히 망하는 것이 아니다.

262nd.

로또를 사고 당첨 번호를 확인하지 않는 사람은 없다.
메모도 반드시 꼭 다시 확인해야 한다.
로또가 당첨될 확률보다 메모를 써먹을 확률이 훨씬 높다.
하지만 메모만 하고 보지 않는 경우가 너무 많다.

263rd.

오픈북 시험은 언제나 어렵다.
그래서 인생도 언제나 어렵다.

264th.

Don't find fault, find a remedy.
: Henry Ford :

잘못을 찾지 말고 해결책을 찾아라.

The key to everything is patience. You get the chicken by hatching the egg, not by smashing it.
: Arnold Glasow :

모든 것의 비결은 인내다. 달걀을 깨부수는 것이 아니라
부화시켜야 닭을 볼 수 있다.
: 아널드 글래소우 :

보고서는 능동적 요약이 되어야 한다. 능동적 요약은 우선 자료를 객관적으로 잘 취합하고 그에 대한 해석이 동반되어야 한다. 그리고 그 해석을 바탕으로 다음 계획이 도출되어야 한다. 이때 계획이 하나에 그치지 않고 계획이 틀어졌을 때의 대안도 한두 개 포함되어 있다면, 그것은 아주 더할 나위 없는 보고서가 될 것이다. 〈完〉

266th.

새로운 것이 필요할 때,
너무 발명 에 집착하기보다는
발견 에 주목할 필요가 있다.
사실 발전 에 꾸준한 공을 들이면
새로운 것은 자연스럽게 나타난다.

267th.

시간 앞에 무너지지 않는 것은 없다.
단 하나는 예외다. 바로 기록이다.

268th.

세상은 바뀌지 않는다.
우리가 바꿀 수 있는 것은
세상을 대하는 태도뿐이다.
그 태도가 모여서 하나의 문화가 되었을 때,
또 하나의 세상이 새롭게 태어난다.

결국 내가 바뀌어야 세상이 바뀐다.

269th.

열정이 평정심으로 전환되는 순간
일이 완성되기 시작한다.

270th.

간장게장의 맛을 모르는 사람은
아무리 그 맛을 떠올리려고 해도 불가능하다.
하지만 간장새우나 양념게장을 먹어봤다면,
분명히 맛있을 것이라고 어느 정도 추측할 수 있다.
꿈도 그렇다. 경험하지 않고는 떠올리기가 어렵다.
그래서 꿈에 가까워지려면 다양한 경험이 필수다.

271 st.

Men take only their needs into consideration -
never their abilities.
: Napoleon Bonaparte :

사람들은 그들의 필요에만 골몰할 뿐, 스스로의 능력은 고려하지 않는다.
: 나폴레옹 보나파르트 :

If you tell the truth,
you don't have to remember anything.
: Mark Twain :

진실만을 말한다면,
아무 것도 기억할 필요가 없다.
: 마크 트웨인 :

계단으로 올라가면 단순히 건강에 좋은 것보다 성취감이 있었다. 아침 출근 시간에 엘리베이터 앞은 상당히 붐비는데, 엘리베이터를 기다리는 사람을 힐끗 바라보고 계단으로 올라가서 사무실에 들어가면 나만의 소소한 뿌듯함이 있었다. 〈完〉

273rd.

계획 없는 목표는 핸들 없는 자동차와 같다.

의미도 없고, 쓸모도 없다.

274th.

끝은 아쉬움이다.
아름다움의 뿌리는 아쉬움에 있다.
생화가 조화보다 아름다운 이유는
순간의 찬란함 때문이다.
우리 인생도 다를 게 없다.
끝이 있기에 아쉽고,
아쉽기에 눈부시게 아름다워진다.

275th.

수동적 고독은 고립이다.
능동적 고독은 자립이다.
어느 시점부터 홀로 나아갈 수 있어야 한다.

276th.

평범한 하루는 추억이 될 수 없다.
가장 실패한 인생은 추억 없는 노년이다.

277th.

질문 세상에서 가장 어려운 일은 무엇입니까?
탈레스 자기 자신을 아는 일입니다.
질문 그럼 가장 쉬운 일은 무엇입니까?
탈레스 타인에게 충고하는 일입니다.
질문 그럼 가장 즐거운 일은 무엇입니까?
탈레스 목적을 달성하는 일입니다.

278th.

Beauty without grace is the hook without the bait.
: Ralph Waldo Emerson :

품위 없는 아름다움은 미끼 없는 낚시바늘이다.
: 랠프 월도 에머슨 :

Life is not fair,
get used to it.
: Bill Gates :

인생이란 결코 공평하지 않다.
이 사실에 익숙해져라.
: 빌 게이츠 :

279th.

2011년 연구에서는 식물이 있는 방에 있는 사람들이 그렇지 않았던 사람들보다 지속적인 주의와 집중을 요구하는 과제를 훨씬 잘해낸다는 사실을 밝혀냈다. 실제로 여러 연구에서, 자연을 느끼는 환경이 조성되면 뇌는 편안함을 느끼면서 뇌 속 인지 자원을 잘 활용한다고 말한다. 〈完〉

280th.

쓰레기는 재활용할 수 있다.
물론 아이디어도 마찬가지이다.
단, 잘 분리되고 정리되어 있을 때만 그렇다.

281 st.

긴장 [緊張] : 마음을 졸이고 정신을 바짝 차림.

우리는 종종 긴장할 필요가 있다.

282nd.

실패가 성공의 어머니라면,
호기심은 성공의 외할머니다.
모든 것은 호기심으로부터 시작된다.

283rd.

적정선을 지킬 수 있는 것이 내공이다.
성공해도 자만하지 않고,
실패해도 낙담하지 않고,
흥분해도 한 호흡 길게 가며,
불안해도 배에 힘 꽉 주는 것이다.

284th.

얼마나 큰 결심을 하는지는 사실 중요하지 않다.
얼마나 끈질기게 결심을 유지하는지가 가장 중요하다.

285th.

Winners never quit and quitters never win.
: Vince Lombardi :

승자는 그만두는 법이 없고,
그만두는 자는 절대 이기지 못한다.
: 빈스 롬바르디 :

Action is the foundational key to all success.
: Pablo Picasso :

행동은 모든 성공의 기본이다.
: 파블로 피카소 :

공부를 결과 중심으로 그리고 타인에게 자신의 능력을 증명하려는 것을 목표로 한다면, 자신도 모르게 편법과 타협할 수 있다. 때로는 그런 타협으로 원하는 결과를 얻을 수 있지만, 성장은 하지 못한다. 《完》

287th.

기준에 근거 하여 판단해야 한다.
그래야 시간 낭비도 감정적 요동도 줄어든다.
하지만 대부분 기분에 따라 결정한다.
그리고 상황에 휘둘리기 시작한다.

좋은 책 한 권을 10번 읽어보라.
그러면 길이와 자신감이 생길 것이다.

삶에서 가장 큰 후회에 관한 설문조사 결과

[20대] 1위 _ 공부 좀 제대로 할 걸
[30대] 1위 _ 공부 좀 제대로 할 걸
[40대] 1위 _ 공부 좀 제대로 할 걸
[50대] 1위 _ 공부 좀 제대로 할 걸

[특이사항]

50대 여성은 2위가 공부 좀 제대로 할 걸이었다.
1위는 자식들 공부 좀 더 제대로 시킬 걸이었다.

결국 안 하면 계속 후회하는 것이 공부다.

290th.

자기 소개를 한 문장으로 해보세요.
그리고 한 단어로 해보세요.

291 st.

비전은 원대하게.
목표는 명료하게.
계획은 치밀하게.
시작은 재빠르게.
과정은 꼼꼼하게.

292nd.

◇

A discovery is said to be an accident meeting a prepared mind.
: Albert Szent- Gyorgyi :

발견은 준비된 사람이 맞닥뜨린 우연이다.
: 알베르트 센트죄르지 :

◇ ◇

He that can have patience can have what he will.
: Benjamin Franklin :
인내할 수 있는 사람은 그가 바라는 것은 무엇이든지 손에 넣을 수 있다.
: 벤저민 프랭클린 :

293rd.

여러 연구를 종합해보면 외로움은 한 사람의 지적 과제 수행 능력을 떨어뜨린다. 자제력을 끌어내리고, 지능 지수도 낮추며, 청소년과 대학생들의 내신과 시험 성적 또한 끌어내린다. 그뿐만 아니라 직장인의 업무 능력도 저하시킨다. 한마디로 외로우면 멍청해진다. 《完》

294th.

엄마 없는 아기를 보면 마음이 너무 아프다.
열정 없는 젊음을 봐도 마찬가지이다.

둘 다 전부를 잃었기 때문이다.

295th.

질문이 없는 조직은 모든 면에서 잘못된 곳이다.
질문이 없는 인생도 똑같다.

296th.

'지는 게 이기는 것이다'라는 말은
원래 이길 수 있는 사람이 경쟁을 능동적으로 포기했을 때만 해당된다.
열심히 했는데 졌으면 그냥 진 것이다.
거짓된 변명은 심신에 해롭다.

297th.

정보 [情報]: 관찰이나 측정을 통하여 수집한 자료를 실제 문제에 도움이 될 수 있도록 정리한 지식. 또는 그 자료.

정말로 인터넷이 정보의 바다인가? 여러분은 정보를 얻고 있는가?

298th.

정점으로 올라갈수록 자연스럽게 적은 늘어난다.
나의 성공은 누군가의 실패이기 때문이다.
현실에서는 적을 만들지 않는 것이 중요한 게 아니라,
적을 어떻게 적절히 대처할 것인지가 훨씬 중요하다.

299th.

To acquire knowledge, one must study,
but to acquire wisdom, one must observe.
: Marilyn Savant :

지식을 얻으려면 공부를 해야 하고,
지혜를 얻으려면 관찰을 해야 한다.
: 마릴린 사반트 :

Science is organized knowledge.
Wisdom is organized life.
: Immanuel Kant :

과학은 정리된 지식이다.
지혜는 정리된 인생이다.
: 임마누엘 칸트 :

300th.

밤에 자지 못한 사람과 정상적으로 잔 사람에게 여러 가지 수학 문제를 풀게 했더니 잠을 자지 못한 사람들은 잠을 잔 사람보다 2배나 문제를 제대로 풀지 못했다. 직장에서도 마찬가지다. 수면이 부족한 직장인은 동기부여가 적게 되고 실수를 더 자주 저지르며 일에 집중을 못 한다는 사실을 여러 논문이 밝혀왔다. 한마디로 생산성이 떨어지는 것이다. 〈完〉

301 st.

횟집 수족관에 있는 물고기에게는
'아직 살아있다.' 라는 표현은 적합하지 못하다.
'아직 죽지 않았다.'가 더 적절한 표현이다.

여러분은 살아 있습니까?

302nd.

우리는 언제나 자신의 한계를 넘어설 수 있다.
프로필 사진 찍듯이 공부를 하면 두려울 게 없다.

303rd.

2등은 1등을 넘어서려고 한다.
1등은 자신을 넘어서려고 한다.
어제보다 뛰어나려고 노력하는 것이 바로 1등의 삶이다.

304th.

한 번은 운이다.
두 번부터는 실력이다.

한 번은 실수다.
두 번부터는 실력이다.

305th.

설득 전에는 명료한 설명이 필요하다.
설명 전에는 치밀한 공부가 필요하다.
공부가 수반되지 않는 설득은 없다.
그래서 대부분 설득을 못한다.

306th.

Punctuality is the soul of business.
: Thomas Halyburton :

시간 엄수는 비즈니스의 영혼이다.
: 토마스 할리버튼 :

You may delay, but time will not.
: Benjamin Franklin :

당신은 지체할 수도 있지만 시간은 그렇지 않을 것이다.
: 벤저민 프랭클린 :

307th.

전문가가 되려면 우리의 노력은 두 개의 부사를 반드시 동시에 필요로 한다. 바로 '제대로'와 '꾸준히' 이다. 다르게 말하면, 그냥 무작정 하는 것이 아니라 질문하면서 열심히 해야 한다는 뜻이다. 많은 사람이 전문가가 되고 싶어 하지만 둘 중에 하나가 충족이 안 되기 때문에 자신의 한계를 돌파하지 못한다. 《完》

308th.

먹고 소화시키지 못하면 탈이 난다.
읽는 것도 마찬가지다.
소화했는가?

309th.

교육[教育] : 지식과 기술 따위를 가르치며 인격을 길러 줌.

교육의 핵심은 인격을 완성시키는 것이다.

310th.

언제나 완벽할 수는 없다.
하지만 언제나 완성할 수는 있다.
마무리가 반성이면 그것으로 완성이다.

311th.

매몰 비용의 오류 (Sunken cost fallacy)
이미 투입한 비용/노력이 아까워서 다른 합리적 선택에 제약을 받는 것.

결국 사업이건 관계이건 실패의 수렁으로 빠지는 이유는 '본전 생각'이다.

312th.

변화의 시작은 환경 설정이다.
살을 빼고 싶다면,
그 시작은 작은 밥그릇을 사용하는 것이다.

313th.

Business opportunities are like buses,
there's always another one coming.
: Richard Branson :

사업 기회는 버스와 같다.
다음 기회가 언제나 다가온다.
: 리차드 브랜슨 :

Business opportunities are like buses,
there's always another one coming.
: Richard Branson :

사업 기회는 버스와 같다.
다음 기회가 언제나 다가온다.
: 리차드 브랜슨 :

314th.

한 연구에서는 러닝머신에서 30분만 달려도 창의적 성과가 개선되고 그 효과가 무려 2시간 동안이나 지속된다는 것이 밝혀졌다. 《完》

315th.

소위 말하는 '스펙'은 최소한의 증명이다.
스펙은 자격의 조건이지 자신감의 원천이 될 수 없다.
그래서 아무리 스펙을 쌓아도 불안하고 공허한 것이다.
우리가 쌓아야 할 것은 스펙이 아니라 실력이다.
실력은 우리의 최대한의 가능성을 가늠하게 해준다.

우리는 최소한에 집착하지 말고 **최대한에 집중**해야 한다.

316th.

때로는 너무 이해 하려고 애쓰지 말아라.
그냥 빨리 경험 해라.
이해 는 경험 을 포함하지 못하지만,
경험 은 이해 를 포함할 수도 있다.

317th.

누군가에 말할 때 명령문을 의문문으로 바꾸면,
세상은 기적같이 아름다워지기 시작한다.

318th.

Character [성격]의 어원은
그리스어 kharakter [조각된 것]이다.

결국 성격은 하나의 인생 작품이다.
못난 성격으로 졸작을 만들지 말자.

319th.

친구가 갑자기 약속을 취소했다.
그럼 자유시간이 생긴 것이다.
소풍을 가려고 했는데 비가 온다.
그럼 책 읽을 시간이 생긴 것이다.
결국 마음 먹기에 달렸다.

The key to immortality is first living a life worth remembering.
: Bruce Lee :

불멸에 이르는 방법은 기억할 가치가 있는 삶을 사는 것이다.
: 이소룡 :

◇ ◇

Practice does not make perfect.
Only perfect practice makes perfect.
: Vince Lombardi :

연습이 완벽함을 만들지 않는다.
완벽한 연습만이 완벽함을 만들어낸다.
: 빈스 롬바르디 :

321 st.

스스로 인생을 발전시키고 싶다면 마음만 고쳐먹을 일이 아니다. 환경을 바꿔야 한다. 깊은 사색을 통해 나온 의미심장한 결심보다 때로는 당장 방 청소하는 것이 훨씬 중요한 일이다. 시작이 반이라는 말이 있다. 심리학적으로 맞는 이야기다. 어쩌면 좋은 시작이 일의 전부라고 해도 과언이 아니다. 그럼 좋은 시작은 무엇일까? 올바른 환경 설정이다. 그러면 우리는 좀 더 구체적으로 명언을 바꿀 필요가 있다. '올바른 환경 설정이 반이다.' 〈完〉

계획의 핵심은 점검이다.
점검하지 않는 계획은 구멍 난 모기장과 같다.
한 마디로 쓸모없다.

323rd.

크게 말하는 것보다
조용히 보여주는 것이
훨씬 빠르고 더욱 강하다.

324th.

세상에서 가장 어리석은 짓은
자신의 성공을 기준으로 타인을 평가하는 것이다.
그것은 마치 파란색이 초록색보고 우쭐하는 꼴이다.
성공에는 우열이 없다.
모든 성공은 훌륭하다.

325th.

나이는 벼슬이 아니라 낙인이다.
나이 더 먹었다고 으스댈 것이 아니라.
나이테에 걸맞지 않은 정신적 빈약함을 부끄러워해야 할 일이다.

노력은 '설명'하는 것이 아니라 '증명'하는 것이다.
증명되지 않은 노력에 대해 설명을 아무리 열심히 해도
결국 '변명'으로 들린다.

327 th.

◇

My principles are more important
than the money or my title.
: Mohamed Ali :

돈이나 우승 타이틀보다 중요한 것은
자신이 정한 원칙이다.
: 모하메드 알리 :

◇ ◇

Winning isn't everything,
but the will to win is everything.
: Vince Lombardi :

승리가 전부는 아니다.
하지만 승리하고자 하는 의지는 전부다.
: 빈스 롬바르디 :

우리는 열심히 공부한다. 그런데 그 공부가 실전에 들어가면 쓸모없는 경우가 많다. 왜 그럴까? 공부한 지식이 실전에 얼마나 도움이 될지를 결정하는 것은 지식 자체가 아니라 그 지식을 어떻게 공부했느냐이다. 만약 지식을 지식으로만 공부했다면 실전의 높은 벽을 체감하게 될 것이나, 지식을 실전처럼 공부했다면 실전은 해 볼 만한 것이 된다. 〈完〉

329th.

잘하면 빨리 하고,
좋아하면 오래 한다.
처음에는 잘해야 하고,
나중에는 좋아해야 한다.

330th.

자신의 약점을 파악했다면
개선하거나 사용하지 않으면 된다.
약弱점은 인지와 인정을 통해 약藥점이 된다.

331 st.

매일같이 자기 전에
내일의 일을 떠올려보기만 해도
삶의 밀도는 올라간다.
꽉 찬 하루를 산다는 것은 축복이다.
자기 전 5분이 삶을 바꾼다.

332nd.

올림픽 정신의 핵심은 도전이다.
금메달이 아니다.
인생도 그러하다.

333rd.

위대하게 태어난 사람은 없다.
위대하게 성장한 사람만 있을 뿐이다.
그래서 꾸준히 내딛는 작은 한 걸음도 위대한 것이다.

God places the heaviest burden on those who can carry its weight.
: Reggie White :

신은 그 무게를 지탱할 수 있는 자들에게 가장 무거운 짐을 지운다.
: 레지 화이트 :

No one can make you feel inferior without your consent.
: Eleanor Roosevelt :

당신의 동의 없이 누구도 당신에게 열등감을 줄 수는 없다.
: 엘리너 루스벨트 :

335th.

3,214명의 참가자를 대상으로 비즈니스 업무와 관련된 35개의 연구를 한 결과, 단순히 마음속으로 떠올려 시뮬레이션한 것만으로도 업무성과를 상당 수준 향상할 수 있음이 입증되었다. 심지어 이 업무 중에는 용접기술도 포함되어 있었다. 그래서 전문가들은 시뮬레이션만으로도 육체적 연습을 통해 얻는 것의 3분의 2를 이룬다고 한다. 〈完〉

336th.

시작을 **마지막**처럼.
마지막을 **시작**처럼.
아쉬움을 **처음**으로.
패기를 **마지막**으로.

337th.

내 뜻을 마음대로 펼치는 것이 실력이 아니라,
내 뜻을 다 죽여가면서도 결과를 만들어 내는 것이 진짜 실력이다.

338th.

꿈을 포기할 수는 있어도,
잊는 것은 불가능하다.
잊혀진 꿈이라는 것은 없다.
애초에 꿈이 아니었던 것이다.

339th.

시험 점수를 올리고 싶다면
'오답노트'는 필수이다.
인생에서 성공을 하고 싶다면,
'실패노트'가 필수이다.

정리하고 반성하지 않으면
또 실패하기 마련이다.

340th.

언제나 두 번째 기회는 돌아온다.
하지만 첫 번째 실패에 젖어있다면,
두 번째 기회의 심지에 불을 붙일 수 없다.
지나간 실패는 깔끔하게 증발시키자.

341 st.

Intelligence without ambition is a bird without wings.
: Salvador Dali :

야망 없는 지능은 날개 없는 새와 같다.
: 살바도르 달리 :

The first step toward change is awareness. The second step is acceptance.
: Nathaniel Branden :

변화를 향한 첫 단계는 인식이다. 두 번째는 인정이다.
: 나다니엘 브랜든 :

글쓰기가 불안을 잠재우는 이유는 뇌를 살펴보면 알 수 있다. 정서를 명명할 때 뇌를 보면 이성을 주로 담당하는 전전두피질의 활동은 증가했지만, 감정을 주로 담당하는 편도체의 활동은 감소한 것으로 나온다. 시험 불안이 엄습해 올 때 그것을 억지로 벗어나려 하기보다는 지금 느끼는 불안에 대해 이성적으로 설명하고 글을 쓴다면 그 사이에 자신도 모르게 불안이 잠잠해짐을 알게 될 것이다. 〈完〉

343rd.

(24)

만들어진 규칙이 싫다면,
가장 먼저 개척해라.
그럼 규칙이 된다.

344th.

논리로 경험을 넘어서는 것은 매우 힘들다.
설령 경험이 틀렸어도 그렇다.
그 만큼 경험의 힘은 막강하다.

345th.

동료는 장점에 주목하고,
라이벌은 단점에 주목한다.
누군가의 단점만 바라보고 있다면
절대 함께 할 수 없다.

346th.

꿈에도 유통기한이 있다.
기한 안에 계획하고 실천하지 못하면,
그 꿈을 먹고 살수는 없다.

347th.

과정도 중요하다.
하지만 결과는 더 중요하다.
결과는 과정을 포함하기 때문이다.

348th.

Win as if you were used to it,
lose as if you enjoyed it for a change.
: Ralph Waldo Emerson :

익숙한 것처럼 승리를 거둬라.
변화를 위해 즐기는 것처럼 패배하라.
: 랠프 월도 에머슨 :

You cannot create experience.
You must undergo it.
: Albert Camus :

당신은 경험을 창조할 수 없다.
경험은 반드시 겪어야만 한다.
: 알베르트 카뮈 :

349th.

공부를 했으면 연습문제를 풀자. 그렇게 연습문제로 지식도 축적하고 또 문제 해결 능력도 키우자. 이건 비단 학생들에게만 해당하는 이야기가 아니다. 재미를 위한 독서가 아닌 지식을 쌓기 위한 독서를 했어도 연습문제를 풀자. 연습문제가 어디 있느냐고 반문하는 사람이 있을 것이다. 독후감을 쓰고 토론을 하는 것이 바로 독서 뒤 직접 문제를 만들어서 그 문제를 푸는 것이다. 〈完〉

350th.

'양'을 모르고 '질'을 논할 수 없다.
충분한 '양'이 모이면 '질'이 피어난다.
그래서 노력 없는 실력도 절대 없는 것이다.

351 st.

과거에 집착하면 전성기가 끝난 것이다.
미래에 집중하면 전성기를 맞이하겠다는 것이다.
어디를 바라보고 있는가?

352nd.

기회의 미끼는 실패다.
실패할 각오만 돼 있다면,
기회들은 몰려들기 시작한다.

353rd.

자신을 이해 못한 상태에서
무조건 자신을 낮추는 것은
겸손이 아니라 위선이다.

354th.

수동적 노력 은 고생이다.
능동적 노력 은 훈련이다.
어차피 해야 될 일이면 주도적으로 임해야 된다.
그래야 일이 끝나고 실력이 남는다.

355th.

◇

I do not pray for a lighter load,
but for a stranger back.
: Phillips Brooks :

나는 보다 가벼운 짐이 아닌,
보다 강한 등을 갖고자 기도한다.
: 필립 브룩 :

◇◇

Genius may have its limitations,
but stupidity is not thus handicapped.
: Elbert Hubbard :

천재성에는 한계가 있을 수 있지만
어리석음에는 이런 장애가 없다.
: 엘버트 허비드 :

연구 결과는 예상을 깨는 것이었다. 직장을 그만두고 창업한 사람들보다 직장을 가진 상태에서 창업을 한 사람들의 창업 성공 확률이 무려 33퍼센트나 높았다. 도전의식이 강하며 위험을 무릅쓰고 과감히 나가는 기업가보다 위험에 민감하며 항상 안전판을 생각하는 조금 소심해 보이는 기업가가 더 성공할 확률이 높다는 사실이다. 《完》

357th.

만능은 허구다.
현실에서 만능을 좇으면
결국 만나는 것은 무능이다.

358th.

잘못 그려진 지도는
쓸모없음을 넘어서 위험하다.
잘못 세워진 인생계획도 마찬가지이다.

359th.

열정이 변명으로 사용되는 것은
핵연료가 핵무기가 되는 것과 똑같다.
인생을 움직이는 힘에서
인생을 파괴하는 수단으로 바뀌는 것이다.

360th.

타인과 '다름'을 절대 두려워하지 않는다.
그리고 **'틀림'**을 '다름'으로 우기지도 않는다.

361 st.

약자가 강자를 이길 기회는
강자가 약자를 무시하는 순간이다.
그 순간이 절호의 기회다.

◇

A goal is not always meant to be reached,
it often serves simply as something to aim at.
: Bruce Lee :

목표가 꼭 도달해야만 하는 것은 아니다.
겨냥해야 하는 지점만으로도 종종 그 역할을 다한다.
: 이소룡 :

◇ ◇

No one has a right to consume happiness without producing it.
: Helen Keller :

누구도 행복을 생산하지 않고 소비할 권리는 없다.
: 헬렌 켈러 :

363rd.

어떤 결정을 내릴 때 눈앞에 보이는 것 외에 다른 다양한 선택안이 있다는 사실을 알 필요가 있다. 그러기 위해서는 내가 이것을 선택할 때 포기해야 할 가치가 무엇인지(기회비용)를 물어보는 것이 좋다. 또한, 주변에 조언을 구하거나 평소에 독서를 많이 하는 것도 필요하다. 선택안을 늘리는 것만으로도 의사결정 실패율은 무려 20퍼센트나 내려간다. 〈完〉

364th.

책 한 권 읽을 시간은 없어도,
누구나 시 한 편 읽을 시간은 있다.
우리가 없는 것은 시간이 아니라 이유와 여유이다.

365th.

밥 먹을 시간이 있다면,
마음 먹을 시간은 충분히 있다.
하루 세끼 챙겨 먹듯이
하루 세 번 다짐을 한다면,
인생은 달라질 것이다.

[기획의 이유]

◇
◇
◇
◇
◇

"독서할 시간이 없어요. 운동할 시간이 없어요."

독서와 운동을 하면 좋다는 사실은 누구나 알고 있다. 하지만 극히 적은 숫자의 사람만이 독서와 운동을 꾸준히 한다. 왜 그럴까? 이유를 물어보면 압도적으로 가장 많이 돌아오는 대답은 시간이 없다는 것이다. 우리는 시간이 정말 부족할까? 그렇다면 어떤 사람들이 그 바쁜 시간을 쪼개서 꾸준히 운동과 독서를 해내는 것일까?

실제로 수많은 친구들과 소통하면서 멘토링 프로젝트를 진행했다. 멘토링 프로젝트의 핵심은 간단하다. 매일같이 자신의 일과를 시간 단위로 3개월 정도 적어보는 것이다. 언뜻 보면 간단해 보이지만 과정도, 결과도 생각만큼 간단하지는 않았다. 멘토링 프로젝트를 통해 많은 친구들과 함께 하면서 세 가지 사실을 알게 되었다.

첫 번째로 참여자들은 24시간을 적어보면서 자신이 시간을 얼마나 허투루 쓰는지 깨닫게 되었다. 기록하기 전에는 단지 시간이 부족한 것으로만 인지했지만, 막상 꾸준한 기록을 통해 자신을 살펴보니 생각보다 집중해서 업무나 공부를 하는 시간은 적었다. 예를 들면, 보통 자신이 하루에 5시간 정도 공부했다고 믿었지만, 막상 기록해 보면 3시간도 안 되는 경우가 태반이었다. 두 번째는 생각보다 많은 사람이 24시간 일과 기록을 꾸준히 해내지 못했다. 다들 자신이 한 일을 적는 게 별

거 있겠냐고 생각했지만, 한 달 이상 꾸준히 적은 사람은 50%도 되지 못했다. 세 번째는 꾸준히 세 달 이상 적은 사람들에게서는 많은 변화가 나타났다. 일단 꾸준히 기록하는 일이 습관이 되자, 적는 것을 의식하고 하루를 행동하게 되었다. 그러자 예전에는 시간이나 때우자는 마음으로 비생산적인 일을 거리낌 없이 했지만, 일일 기록을 한다는 생각에 예전보다 훨씬 의식적으로 생산적이고 자신에게 도움이 되는 일을 하려고 했다.

꾸준히 기록한 많은 분들이 회사에 다니면서 추가로 자기계발을 하여 구체적인 성과를 거두었다. 학교에 다니는 학생분들은 학습량이 과거보다 월등히 늘어났고, 그 결과 자연스레 이해력 향상 그리고 성적 향상으로 연결되었다. 이 모든 변화의 시작은 하루 24시간을 꾸준히 적는 것이었다.

꾸준하게 적으면 자연스럽게 우리는 성장하게 된다. 성장하는 미래가 우리를 기다린다는 것은 정말 설레는 일이다. 그리고 그 과정이 고스란히 한 권의 나만의 책이 된다면 그것만큼 두근두근하는 일이 또 있을까? 그 두근거림을 선물하고 싶어 이 책을 기획하게 되었다. 이 책을 통해 성장할 많은 분들을 생각하니 내 마음도 두근두근하다.

2017년 5월 30일

채아아빠 **신영준**

[사용설명서]

1. 여러분의 24시간을 기록해보세요.

시간은 무엇보다 소중합니다. 하루를 어떻게 보내느냐에 따라 여러분의 미래가 결정됩니다. 보통 시간이 부족하다고 생각합니다. 하지만 우리가 생각보다 다른 것에 많은 시간을 낭비하고 있고, 막상 업무나 공부를 해도 집중도가 많이 떨어진다는 사실을 알 수 있습니다. 24시간 동안 한 일을 단순히 적기만 해도 우리는 자신을 객관화해서 메타인지를 높일 수 있습니다. 꾸준히 적고 일정 기간의 삶을 돌아보면 습관 중에 무엇을 개선해야 할지 명확해집니다. **너무 복잡하게 생각하지 마시고 일단 적으세요.** 간단하게 매시간 무엇을 했는지 그리고 집중도 혹은 만족도는 어땠는지 기록해보세요. 그 결과는 여러분에게 놀라운 효율이라는 선물을 안겨줄 것입니다.

2. 이 책은 주(main)저자가 없습니다.

이 책을 쓰는 분이 주(main)저자가 되는 것입니다. 실제로 마지막에 있는 출판 정보를 확인하셔도 주저자는 빈칸입니다. **지은이 정보에 여러분 이름을 쓰세요.** 이 책은 세상에서 유일한 책이 될 것입니다. 이 책은 여백이 많이 있습니다. 그 여백을 과감하게 여러분의 이야기로 채우세요. 어떤 이야기를 적어도 좋습니다. **나만의 계획을 적어도, 시를 써도, 그림을 그려도 좋습니다.** 앞에서 **언급한 24시간을 꾸준히 적는다면 그건 여러분의 역사가 되는 것입니다.** 무엇을 하든지 이 책은 여러분만의 책이 됩니다.

3. 명언을 외워보세요.

이 책에는 100개가 넘는 명언이 한글과 영어로 같이 쓰여 있습니다. **일주일에 2개씩 꼭 외워보세요.** 새로운 명언이 나올 때는 이전에 외운 명언을 적어보세요. 명언을 외우면 영어 실력도 향상되고 동기부여도 됩니다. 일주일에 딱 2개입니다. 100개 정도의 명언을 정확히 외우고, 대화할 때 인용한다면 여러분 대화의 격은 조금 더 올라갈 것입니다.

> Success is simple. Do what's right, the right way, at the right time. : Arnold H. Glasow :
> 성공이란 단순하다. 올바른 일을. 올바른 방법으로, 올바른 시간에 하라. : 아널드 글래소우 :

4. 체계적인 학습이론이 궁금하시면 〈완벽한 공부법〉을 참고하세요.

이 책은 〈완벽한 공부법〉 저자 중 한 명인 신영준 박사가 기획하였습니다. 그래서 〈완벽한 공부법〉에 나온 내용 중 〈두근두근〉 사용자분들께서 꼭 아셨으면 하는 핵심 내용 52개를 인용하였습니다. 책을 보다가 혹시 더 자세한 내용이 알고 싶은 분들은 〈완벽한 공부법〉을 참고하시거나 유튜브에 "**체인지그라운드**"라고 검색하셔서 고영성 작가의 특강을 보시면 많은 도움이 되실 겁니다.

5. 공저자와 소통하세요.

이 책은 **여러분과 신영준 박사가 함께 공저한 책**입니다. 두 번째 저자인 신영준 박사와 소통하세요. 신영준 박사는 SNS 채널을 통해 많은 분들과 직간접적으로 소통을 하고 있습니다. 페이스북에서 공저자를 팔로잉하시면 신영준 박사가 직접 진행하는 무료 멘토링 프로젝트, 무료 강연, 서점투어에서 정기적으로 진행하는 독자와의 만남 스케줄을 확인하실 수 있습니다. 그렇게 공저자 신영준 박사에게 고민 상담 받고, 격려와 응원도 받아가세요. 추후에 책을 완성한 **'작가분'**들과 정기적으로 특별한 모임도 진행할 계획입니다.

[참고서적]

1 _ 신영준 〈끄덕끄덕〉 **고운** 절판

2 _ 신영준 〈졸업선물〉 **로크미디어**

3 _ 고영성 〈누구나 처음엔 걷지도 못했다〉 **스마트북스**

4 _ 고영성, 신영준 〈완벽한 공부법〉 **로크미디어** (完) 표시가 있는 문단들.

5 _ 법정 〈텅빈 충만〉 **샘터**

6 _ 버트런드 러셀 〈서양철학사〉 **을유문화사**

7 _ 셰익스피어 〈베니스의 상인〉 **민음사**

두근두근 [변화의 시작]

2017년 6월 29일 초판 1쇄 발행
2017년 7월 15일 초판 6쇄 발행

지 은 이 | ＿＿＿, 신영준
펴 낸 이 | 이종주

총　　괄 | 김정수
책임편집 | 유형일
마 케 팅 | 배진경, 임혜솔, 송지유
홍　　보 | 김은지
디 자 인 | 궁성혜

펴 낸 곳 | (주)로크미디어
출판등록 | 2003년 3월 24일
주　　소 | 서울시 마포구 성암로 330 DMC첨단산업센터 314호
전　　화 | 02-3273-5135　　FAX | 02-3273-5134
홈페이지 | http://blog.naver.com/rokmediabooks
이 메 일 | rokmedia@empas.com

값 14,900원
ISBN 979-11-294-0075-8 (13190)

이 책의 모든 내용에 대한 편집권은 저자와의 계약에 의해 (주)로크미디어에 있으므로 무단 복제, 수정, 배포 행위를 금합니다.